JN074361

これから伸びる
近畿圏のカイシャ
2024

刊行にあたって

物価も給料も上がらない世の中から、ようやく物価も給料も上がる世の中へ変化し始めた。前年以上に賃上げの機運が高まっている2024年。国はデフレ脱却に向けて、物価上昇を上回る賃上げを企業に求め、企業は企業で社員の生活を守るために、相応の賃上げを実施しようとしている。

だがこれで政府が唱える物価と賃金の好循環が生まれ、経済が活性化すると解釈するのは早計だ。肝心なのは、継続的な賃上げを可能にする企業の成長そのものであり、労働力不足をはじめとする様々な困難に直面しながらも、一段の成長を目指して挑戦を続ける企業の活力にほかならない。本書「これから伸びるカイシャ」シリーズは、まさにそんな活力に満ち溢れ、独創的な技術やサービスなどで事業を発展させている優良企業の姿をコンパクトにまとめたものであり、2022年に刊行した「これから伸びる京阪神のカイシャ2022秋」に続く、近畿圏版の第二弾となるものだ。

今回も企業規模や業種を問わず、高い財務健全性を有する企業を前提に、ここ数年で高い成長を示している企業や、独創的なビジネスで今後の成長が期待される企業46社を取り上げた。第三者視点での取材に基づく客観的な企業紹介書籍となっており、これからも成長を続けるであろう各社の強みと魅力を感じてもらえるだろう。学生をはじめこれから就職を目指す方々にとっても、ウェブサイトや就職情報媒体とは一味違った企業発見の機会になることを願う。

2024年1月
日刊工業新聞社　執行役員西日本担当、西日本支社長
神阪　拓

CONTENTS

モノづくり

商社・サービス

医薬・化学

環境・建設・社会インフラ

IT・ソリューション

NKE株式会社

自動化のプロ集団。機械化で人々を創造的・革新的な仕事に導く
——製造現場だけでなく介護、農業へ事業拡大、海外はアジア中心に拠点整備

ここに注目!
搬送・パーツハンドリング・省配線機器などで効率化と快適性を提供
社員の「成し遂げたい」思いを後押し、自由度の高い環境で挑戦

NKE株式会社は、モノづくり現場を支援するための設備機器や生産ラインの自動機、オリジナル標準ユニットの設計・製造・販売を行い、大手自動車メーカー、電機部品メーカー、家電メーカー、機械工具商社などに納入している。売上高は2022年3月期こそ、コロナ禍による設備投資の落ち込みで20億円を割り込んだものの、ほぼ安定して20億～24億円を達成。2010年代に本格化した海外進出と、自動化技術を核とした介護や農業分野への事業拡大を背景に中長期的に40億～50億円を目指している。若い技術者やデザイナーの自立を促し、才能を十分に発揮できる社内風土を醸成しているのも特徴で、そこから二酸化炭素（CO_2）濃度測定器、腰の負担を和らげる超小型アシストスーツといった新商品も生まれている。

平成31年1月7日に本社新社屋が完成

会議では活発な意見が飛び交っている

開発したユニット機器は基本型式で300点、オプション品を含めると1万点超

「当社はベンチャースピリットを持つメーカー。小回りが利き、意思決定が速く、自由度がある。オリジナルのアイデアでつくっていく。いまは台車、コンテナを自動化できる製品の試作を重ねている」—。NKEの中村道一代表取締役社長は楽しそうに話す。

生産現場の自動化では、機能ごとに標準化されたユニットをブロックのように組み合わせることで、全体のシステムを構築する。部品の供給・配膳・搬送を最適化し、負荷低減や作業ミスの撲滅など、作業者の補助を含む人に優しいシステムを目指している。部品供給や搬送などの「非付加価値工程」の改善により、顧客はより重要な「付加価値工程」の改善に力を注ぐことができるようになり、全体の生産性向上につなげている。

そのために同社はエアチャック、コンベア、省配線機器などのユニット機器を多数開発、製造している。その数は「基本型式だけで300くらい、オプション品を含めると1万点を超える」（中村社長）。これが全体最適モノづくりの提案の源となっている。

デジタルツールを駆使した遠隔サポートやメンテナンス、技術提案をはじめ、開発インフラのデジタル化・3次元化など、若手社員を中心に様々なプロジェクトが始動している。中村社長は「副業も積極的に取り入れるし、社内ベン

独自開発の人工筋肉を使った超小型アシストスーツ「Airsapo（エアサポ）」

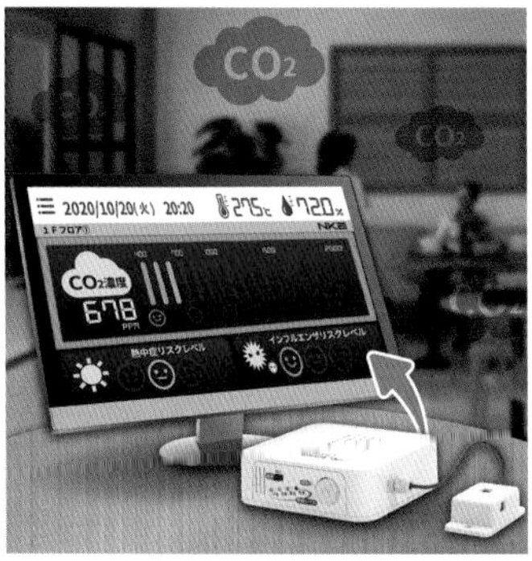

CO_2濃度を表示し、換気状況の“見える化”ができる「CO_2れんら君」

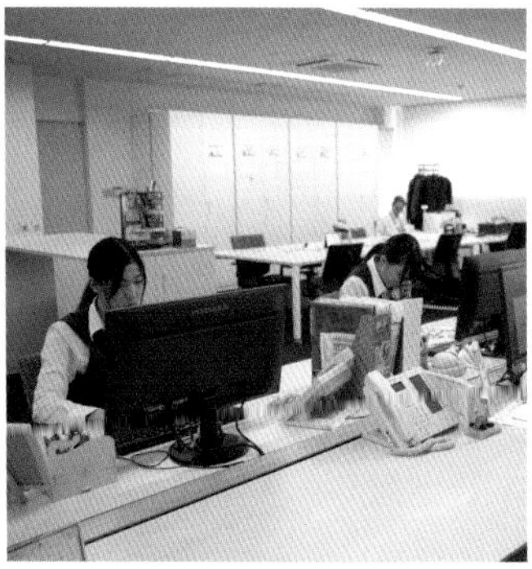

女性社員の活躍も目覚ましい

チャー制度も具体化していきたい」と、目を輝かせている。

自由度の高い社風から、腰の負担を和らげるスーツ、CO_2濃度計などが誕生

自由度の高い伸び伸びとした社風から、新たなヒット商品も生まれている。その一つが、空気の力で体幹を固定して腰の負担を和らげる超小型アシストスーツ「Airsapo（エアサポ）」だ。腰に巻き、付属のポンプで空気を入れると、伝統工芸「京くみひも」を応用した独自開発の人工筋肉が収縮して筋肉負担を最大55％軽減できる。2022年4月中旬からクラウドファンディングによる先行予約販売を始めたところ、約2カ月間で目標金額の40倍超が集まり、注文数は200着を突破した。

もう一つは、リアルタイムでCO_2濃度を表示し、換気状況の“見える化”ができる「CO_2れんら君」だ。濃度の推移データから現状の把握と分析を行うことが可能で、根本的な改善策に役立てられる。こちらは一般社団法人京都知恵産業創造の森から「京都スマートプロダクト」の認定を受けた。中村社長は「工場の自動化に限らず、いろいろなことにチャレンジする」と未来を見据える。

同社は「人と技術の調和を通して、生活の向上をはかり、社会の発展に貢献する」企業理念を持つ。これに加えて「NKE Way」と題する理念の解釈をまとめ、大切にする価値観として正々堂々、公明正大を掲げた。中村社長は「堂々の陣とは勝ち続ける組織。自分たちの力で前に進むプライドを持つことが必要だ。また、公明正大は、チームワークを強固にする基本と原則、他人を思いやる心を表している」と解説する。理念の背骨をがっちり通し、一層の飛躍を期している。

|わ|が|社|を|語|る|

代表取締役社長
中村 道一氏

成し遂げたいと思う社員に環境を用意

NKEの一番の魅力は、何か自分自身で成し遂げたいと思えば、その環境が整っていることです。何かを成し遂げたいという強い思い、具体的に何かを実現したいという思いがあるのなら協力も支援もできます。意思決定が速く、すぐに決裁を受け、大きな投資が必要な開発であっても早期に取り組むことができます。ある意味、小回りの利く企業です。そのために在宅勤務を含め、働きたい人には働ける環境を用意しています。有給休暇は1時間単位で取得できます。

当社の事業はカタログ商品ではなく、生産現場でお客様の課題と向き合い、柔軟に解決していかなければなりません。きめ細やかさの中にビジネスチャンスがあります。生産現場は変わっていきます。NKEで己の力を試し、夢を叶えてください。

会社 DATA

所在地	京都市伏見区羽束師菱川町366-1
創業	1968（昭和43）年3月
設立	1969（昭和44）年8月
代表者	中村 道一
資本金	2億9,700万円
売上高	21億3,100万円（2023年3月期）
従業員数	150名（2023年4月1日現在）
事業内容	全体最適モノづくりの提案、および支援機器の開発・製造・販売
URL	https://www.nke.co.jp/

◢株式会社SCREENセミコンダクターソリューションズ

創立80周年のSCREENグループの中核を担う半導体製造装置メーカー
――シリコンウェーハの洗浄分野では業界トップのシェア握る

ここに注目!
AI、自動運転、ロボット－IoT社会の発展に伴って伸び続ける半導体需要に呼応
滋賀・彦根で5番目の新工場が稼働、生産能力拡大で供給責任果たす

株式会社SCREENセミコンダクターソリューションズは、東京証券取引所プライム市場に株式が上場されているSCREENホールディングスの中核事業会社。長年培った表面処理、直接描画、画像処理の3つを技術のコアとし、半導体洗浄プロセスにおいて世界ナンバーワンのシェア（同社調べ）を誇る半導体製造装置メーカーだ。沿革をたどれば、1868（明治元）年に京都で創業した石版印刷業の石田旭山印刷所をルーツとし、写真製版用ガラススクリーンを製造する大日本スクリーン製造の1943年の発足にさかのぼる。2014年には意思決定のスピードアップを狙ってSCREENホールディングスに組織を再編し社名も変更。2023年10月には設立80周年を迎えた。

印刷関連事業を発展させながら、1970年代に半導体製造装置分野に参入し、微細処理の技と創意を生かした装置やサービスの提供を強みとする。半導体製造には、1,000ステップを超える工程があるが、このうち約30%が洗浄のプロセス。パーティクルと呼ばれるナノメートルサイズのゴミがシリコンウェーハにわずかでも付着していると品質に影響を及ぼし、歩留まりが悪化するため、たとえると、東京ドームの中に花粉の一つも落ちていない、というような高い清浄度が必要となる。SCREENは長年培った技術力で、その要求に対応できる高い洗浄性能の装置を生み出している。

2024年1月に操業を予定している新工場「S³-5（エス・キューブ ファイブ）」

2023年11月にリリースした塗布現像装置「RF-200EX/RF-300EX」

ユーザーごとのカスタマイズが特徴

洗浄装置の他にも、塗布・現像、熱処理、検査・計測など多彩な装置ラインナップを有するが、ユーザーの要望に合わせてカスタマイズするというのがSCREENセミコンダクターソリューションズの特徴。カスタマイズを積み重ねた結果、同じ型番の装置でも、ユーザーによって全く異なる仕様になることもあるという。エンジニアが自信を持ってオンリーワン装置を作り上げ、ユーザーに寄り添う。これが競争力に直結する。

足元の半導体産業は、調整・停滞期と見る向きがあるが、IoT社会の進展に伴って、早晩100兆円市場に成長すると予想されている。中長期の展望に立てば、メーカー側としては増産体制を整備する必要に迫られており、同社では滋賀県彦根市にあるSCREENグループ最大の製造拠点である彦根

エンジニアが自信を持ってオンリーワン装置を作り上げる

社員が朗らか、誠実という社風

事業所内に、2023年1月、4番目となる工場を稼働させ、一時は需要に供給が追い付かず受注残が積み上がった状態の抜本解消に動いた。さらに2024年1月には5番目となる新工場が稼働予定。グループ会社でも富山県高岡市および福島県郡山市で生産拡大に乗り出している。

企業成長の原動力は人にあり

生産体制の拡充とともに、企業成長の原動力は人にあるとして、人事面の改革にも力を注いでいる。2023年にはCSV（クリエイティング・シェアード・バリュー）として、「微細処理の技と創意でよりよい情報社会の流れをつくり人と未来をつなぎ続けます」を掲げた。併せて2032年には売上高1兆円以上を達成し、市場の成長以上に業績を伸ばして存在感を高めるという長期目標と呼応する形で、2022年4月から「戦略人事部」を設置し、人材の質と量の向上策を打ち出した。毎年100人規模以上の採用を続ける一方で、博士号取得者等の高度専門人材の積極採用により事業推進につなげる。各組織固有の問題解決を図るべく組織・人材開発メニューの導入や、新入社員にはOJTのみならず、OFF-JTを1か月半実施。育成の当事者となる管理職に対しても人材育成や人材マネジメントをしっかり学んでもらうことにしている。

同社の社風は、上司は物腰柔らかで、社員が朗らか、誠実というものだ。そして、心理的安全性を土台に積極的なチャレンジを推奨している。新入社員に対しては、自主的に考えて行動できることを求めている。同社グループの創業の精神でもある「思考展開」を主体的に実行できるかどうか。常に考え抜く、徹底的に考えて努力する、行動するという実行力を期待している。こうした人材が育てば、製品のカスタマイズという「究極の顧客志向」を継続発展させることができるとみる。社員一人一人の個性を尊重する町工場的な現場力や良さが社内にはあり、担当者の自立的なチャレンジを引き出すボトムアップカルチャーで発展を目指している。

|わ|が|社|を|語|る|

代表取締役社長執行役員
後藤 正人氏

微細処理の技と創意で様々な社会的課題を解決

半導体は、情報社会の流れをつかさどることでさまざまな社会的課題を解決しています。半導体製造装置をつくる私たちは、「情報社会の流れをつくっている」といっても過言ではありません。すなわち、強みである「微細処理の技と創意」を生かした装置やサービスを通じて、様々な社会的課題を解決していきたいと考えています。今後も専門領域の技術を磨き、お客さまに信頼される存在になり、ビジネスを拡大し、社会に貢献する存在であり続けたいと願っています。そのためには、市場成長以上に成長し、業界内でのプレゼンスを維持・発揮することが必要です。私たちはこれまで以上に、世界中のお客さまへ付加価値を届け、半導体市場の発展に貢献していきます。

会社 DATA

所在地：京都市上京区堀川通寺之内上る四丁目天神北町1番地の1
設立：2006（平成18）年7月3日
代表者：後藤 正人
資本金：3億1,000万円
従業員数：1,240名（2023年10月現在）
事業内容：半導体製造装置の開発、製造、販売
URL：https://www.screen.co.jp/spe

TMTマシナリー株式会社

合成繊維の製造設備で世界2強、首位へまい進
——国内3強の力結集し20年、シナジーを発揮

ここに注目！
合成繊維の高速巻き取り機、高機能付加の加工機で高シェア
2030年に独のライバルを引き離す戦略を推進

TMTマシナリー株式会社は合成繊維を作る機械を製造販売し、成長する世界の市場で首位を競う。日本の基幹産業だった繊維。そこで活躍した繊維機械の大手3社が、事業を統合して市場に送り出し、20年を超えて、さらなる成長をうかがう。2030年にかけて確固たる世界トップを目標に、経営のアクセルを踏み込んでいる。

発足当初の計画の3倍超に

東レエンジニアリング、村田機械、帝人製機（現ナブテスコ）が2002年に合繊機械の事業を統合して発足したTMTマシナリー。韓国や台湾の市場で激しく販売競争した3社の共同出資により、技術、営業、生産力を集結し、世界トップに君臨してきたドイツ企業と肩を並べるに至った。「ちょうど2001年に中国がWTO（世界貿易機関）に加盟し、本格的な経済成長が始まろうとしていた。タイミングにも恵まれた」と髙本隆二社長は話す。発足当初の事業計画は売上高で約300億円。それが2023年3月期には連結で売上高が1,000億円超となる飛躍ぶりだ。

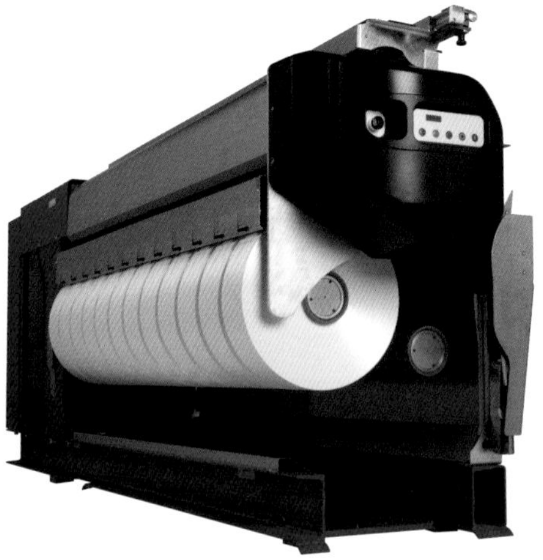

高速テークアップワインダー

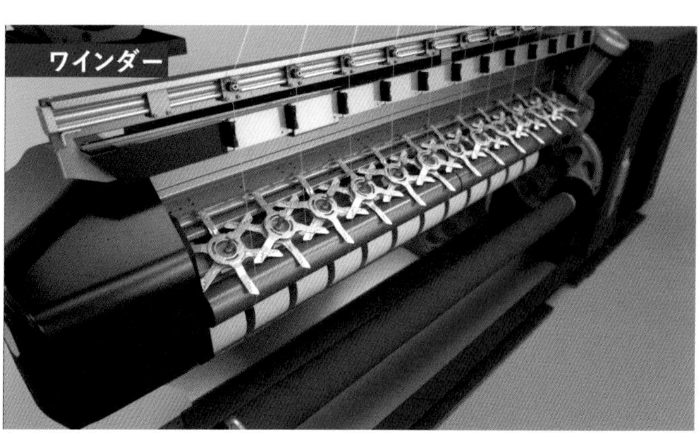

回転羽根を使ったトラバース機構により糸を左右に振り
均一で高品質な糸の巻き取りを実現

主力製品は、高速テークアップワインダーと糸に柔らかな風合いなどを付加する仮撚加工機。母体の3社に由来し、京都に技術、滋賀と愛媛に生産の拠点を置く。

合繊機械メーカーの競争力は、糸を高速で巻き取る能力が中核。高速テークアップワインダーの主要部材である小径長尺の巻き取り軸は高速で回転し、巻き取る糸は毎分5,500m、時速では330kmと新幹線の速度以上。また最新機種は、そこに巻き取りボビンが32個もセットされており、糸はボビンを端から端まで移動し、均一に巻き取られる。その際に、より合わさった単糸一本でも切れては不良。高速で精度よく巻き取るための長尺軸の設計、設計通りに高精度の長尺軸を作ることが肝要で、「ここの技術を守り、磨いていくのが、国内生産にこだわる理由」と髙本社長は話す。

合成繊維の市場は、中国企業が今や世界生産の約7割を占める。その中国では大手6社が活発に設備増強を続け、最近は石化原料の生産にも進出。そうした舞台裏に、独企業とTMTマシナリーの

仮撚加工機

合成繊維の用途例

独身寮外観（2020年竣工）

活発な競争がある。ロボット化、自動化した長時間の連続運転、スピーディーな昇温性など省エネルギーでランニングコストを抑えた製品で競い合う。現在の市場でのシェアは4割ずつで拮抗している。

さらなる成長のカギ、斬新な製品開発に照準

TMTマシナリーの成長戦略の主軸は今後も中国市場。独企業のほか、中国の現地ローカル企業が腕を上げてチャンスを狙い、勝負は予断を許さない。

高本社長は2021年の就任時、10年先に向けたTMTグループビジョンを策定。顧客に感動を与えられる会社、この業界をリードする会社、それらとともに「業界で名実ともに不動の世界ナンバーワンの会社になること」を掲げた。特に力点を置くのが、斬新な開発製品の投入。「2024年から2030年までに市場に出していく」と髙本社長。環境対応についても、TMTマシナリー製品の消費エネルギーを現在より20%下げ、顧客の要請に応える。

事業基盤の多角化では、2013年に炭素繊維事業の2社をM＆Aで子会社化。TMTマシナリーの製品での利用も進める。続く次の新規事業の構想も探索しているという。

発足当初は母体3社からの社員で構成されていたが、現在は6割強が発足後に採用した社員が占める。TMTマシナリー独自の社員教育を充実させ、集合研修や通信教育、eラーニングなど人材育成にも注力している。特に集合研修は社員にも好評で今年度は延べ150名以上の受講希望があった。福利厚生面は、滋賀、愛媛の製造拠点の近くに自社の社員寮を建設し社員の住環境をサポート、全社行事として社員旅行なども実施している。2023年9月には20周年を記念した北海道旅行と全社パーティを開催し、総勢約300名が参加し社員同士の親睦を深めた。

わ｜が｜社｜を｜語｜る

代表取締役社長
髙本 隆二氏

人の豊かな暮らしに貢献する仕事

合繊は技術進歩で、天然繊維に劣らぬ肌触りや、高強度、低収縮、ストレッチ、抗菌性など、高機能化しています。繊維で人の豊かな暮らしに貢献する。これが事業のミッションであり、仕事を通じて得られる喜びです。

激しく競合した3社が決断し、思いのバトンをつないで今日まで来ました。経営と社員の信頼関係を重視して、毎月、経営数字は社長コメントつきで社員に公開しています。運にも助けられ、当初の想定を上回る成長ですが、慢心してはいません。グループの2030年ビジョンに向け、斬新な開発製品を送り出します。そして中国を中心にビジネスを一段と強くし、ライバルの独企業よりも確固とした優位に立つことを目指しています。

会社 DATA

所在地	大阪市中央区北浜2-6-26　大阪グリーンビル6F
設立	2002年（平成14）4月1日
代表者	髙本 隆二
資本金	4億5,000万円
従業員数	376名（単体）
事業内容	合成繊維製造設備の開発、設計、製造、販売およびアフターサービス
URL	https://www.tmt-mc.jp

TONE株式会社

ボルティング・ソリューション・カンパニーを掲げる世界的工具メーカー
――ボルト締結に関する多彩な製品開発で安全・安心な社会づくりに貢献

ここに注目！

顧客ニーズに基づき先進の商品を次々生み出す製品開発力
圧倒的な製品ラインアップによる世界的なブランド力

「ボルティング・ソリューション・カンパニー」を標榜するTONE株式会社。ボルティングとは同社による造語だ。ボルト・ナットの「ボルト（bolt）」にingを付けたbolting、つまりボルトの締結を意味する。あらゆるモノづくり、そしてインフラ整備や建築まで、安全・安心な産業社会の実現に欠かすことができないボルティング。そうしたボルティングに関する困りごとはすべて解決するという信念のもと、業界に先駆け様々な製品を開発してきたのがTONEである。なかでも鉄骨建築の現場などで活躍する主力製品の電動工具「シヤーレンチ」の開発実績は100種類を超え、世界の工具メーカーの中でも屈指のラインアップを誇っている。

利根川由来の「TONE」

TONEは1938（昭和13）年に設立され、日本で初めて国産ソケットレンチの製造・販売を行った。作業工具に限らず電動工具やエア工具、省力工具、トルク管理機器などを次々と製品化し、一般産業、自動車、建築をはじめ、交通インフラ、プラントの現場からDIYまで幅広い用途、領域でTONE製品は活躍している。顧客の困りごとを解決する幅広い製品群をラインアップすることで、総合工具メーカーとしての確固たる地位を確立した。

設立時の社名は創業者、前田軍治氏の名前に基づく前田金属工業。1941（昭和16）年に自社ブランド「TONE」の使用を開始した。TONEは英語読みのトーンではなく、トネとローマ字読みする。由来は利根川で、悠久の大河のように広く知られ親しまれ、社会に役立とうとの思いから名付けた。2013年には、さらなるTONEブランドの浸透と海外事業の拡大を目指し、社名もTONEに統一した。

現在の社員数は150名ほど。上場企業としては決して多くない。そこには少数精鋭を貫く基本姿勢がある。矢野大司郎社長は「少ない数の精鋭を集めて少数精鋭になるのではない。少ない人数の一人ひとりが創意工夫を凝らすから少数精鋭が出来上がる」と説く。この少数精鋭主義が、若手社員でも主体的な仕事ができるベンチャー企業の面白さと、設立86年（2024年時点）の老舗ならではの手堅さ、高い利益率（2023年5月期経常利益率18.6%）に裏付けされる抜群の安定感という相反する持ち味を同社に根付かせた。

回路設計やプログラミング技術の活用も

そんな同社を支える最大の強みが製品開発力。ユーザーニーズの高まりを受けて、締付トルクの管理・測定を行える製品を開発する一方、バッテリー式による各種電動工具のコードレス化に注力。業

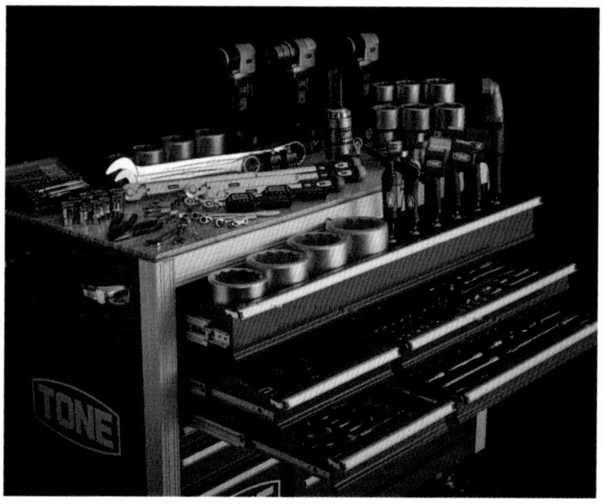

ボルト締結に関わる製品を幅広くラインアップ

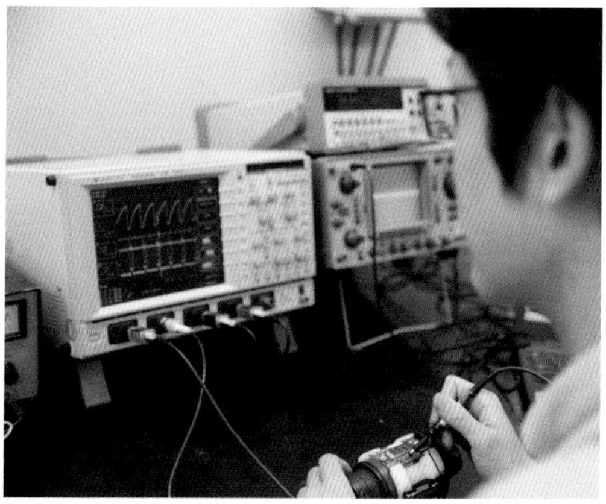
開発・設計・生産技術職

トルク表示機能付きコードレス電動タイヤレンチ

デジタル式で見やすい表示機能

界随一のラインアップを誇る「シヤーレンチ」をはじめとする鉄骨建築用電動レンチや、一般産業用のトルクコントロール電動レンチ「ナットランナー」のコードレスシリーズを拡充している。

デジタル対応も見逃せない。例えば、トラックなどの大型車両のタイヤ締付用「トルク表示機能付きコードレス電動タイヤレンチ」。顧客の要望を取り入れ、回路設計やプログラミング技術を活用し、締付トルクのデジタル表示・設定機能、締付本数のカウント機能といった新機能を搭載した新製品で、高精度かつ効率的な作業を実現している。矢野社長は、「工具は成熟した産業だが、まだまだやることだらけ。ボルティング・ソリューション・カンパニーとして事業の道幅を広げていく」と強調する。

国内レースSUPER GTなどモータースポーツの支援・協賛事業も同社の特徴だ。TONEの知名度を高めるほか、メカニックの現場を知り製品開発につなげる狙いを併せ持つ。狙い通り、車好きの間で知名度が高まり、レース現場で1秒を争う作業を求められるメカニックのリクエストに応じる工具を製品化した例もある。地域密着の姿勢も際立つ。すでに地元・河内長野市や富田林市では、ふるさと納税の返礼品にTONE製品が選ばれているほか、河内長野市立図書館のネーミングライツパートナーとなり、図書の充実を後押しするなど、地域社会との共生を大切にしながら事業活動を展開している。

13年連続黒字と、9年連続の経常利益率15%以上を誇るTONE。「コロナ禍の影響はほとんどなかった。円安は輸出が伸びるのでむしろプラス」（矢野社長）と、常に進化を求めるTONEの勢いに、少しも陰りは見えない。

| わ | が | 社 | を | 語 | る |

代表取締役社長
矢野 大司郎氏

完成品メーカーならではの醍醐味

総合工具メーカーとして、100億円の売り上げ達成を目指しています。任期中にはやり遂げたいですね。その際、海外比率は、現行の約20%から50%に引き上げ、国内と海外を50億円ずつにしたいと思っています。

当社は完成品メーカーなので、開発に携わった人は部品づくりとは違った面白さや遣り甲斐、達成感を実感できます。業界トップクラスということから、例えば新製品もユーザーの手元まで届きやすいため、反響を得やすい状況にもなっています。特許、意匠の類いを取得できる醍醐味もあります。

少数精鋭とは、一人ひとりが主役で、若手社員にも活躍の舞台がすぐに与えられるということです。チャレンジ精神が旺盛で、スポンジのように何でも吸収しようとする人を大歓迎します。

会社 DATA

所在地：大阪府河内長野市寿町6-25
設　立：1938（昭和13）年8月6日
代表者：矢野 大司郎
資本金：6億500万円（東証スタンダード上場）
従業員数：連結：152名（2023年5月31日現在）
事業内容：機械・自動車向けプロ用作業工具、建築・土木・産業用動力工具及びトルク管理機器の開発・製造・販売
URL：https://www.tonetool.co.jp/

生田産機工業株式会社

創業100年超、銅・銅合金加工設備の専業メーカー
――電動化・半導体関連需要を背景に、上流から下流までの一貫対応に強み

ここに注目！
金属素材メーカーの設備投資拡大を受けて業績急伸中
中国に続き、欧州とインドの市場開拓に向け着々と布石打つ

生田産機工業株式会社は、銅や銅合金の面切削や研削、切断、洗浄といった加工設備の受注生産を基本とする。顧客の要求仕様を十分にくみ取り、品質要求や予算に合わせて設備・装置を設計製作する。面削や酸洗のラインといった上工程から、レベラーやスリッターなどの下工程にまで及ぶ様々な機械設備を一貫して手がける国内のオンリーワン企業でもある。

1919（大正8）年に、京都府伏見市内で現社長の生田泰宏氏の祖父が創業。当時は化学機械や酒造機械設備、油送ポンプなどを手がけていたが、第二次大戦後に伸銅設備機械の製造に乗り出した。電気部品などに欠かせない伸銅品。この加工に使う「面削機械は欧米製が多かった中、何とか国産の機械でできないかと取り組んで開発に成功した」（生田社長）という。1955年に専売特許を取得。その後、この面削機械は国内伸銅会社への納入を開始し、現在そのシェアは90%以上を誇り、同社の中核技術となっている。関連業界は現在、活況を呈しており、5年先、10年先を見通しても良好な経営環境が続くとみている。

京都本社・工場　社屋外観

会社を多種多様な人が家族のように助け合い、寄り添い合いながら成長する大樹になぞらえ“Big Tree, One Family Company”をスローガンに掲げる

加工の要となるカッターも自社ブランドで製造

同社の設備で加工する対象は、銅、銅合金をはじめアルミ、鉄といった金属に加え、樹脂もある。国内伸銅企業のほとんどを主要顧客に持ち、その他業界も含めると納入実績は100社以上に達する。銅合金部材が多く使われる半導体関連産業を取り巻く受注環境は、足元は減速しているものの、電気自動車や電池に代表されるように、中長期での進展は疑う余地がなく、そうした中で日本の大手金属素材メーカーの大型設備投資も今後活発化してくるのは確実。より精緻な半導体部品が使われる現在、生田産機工業が手がける設備装置に求められる性能も上がってきているが、「取引先から信頼されていることは、当社の今の受注実績が裏付けている」と生田社長。

また、生田社長が強調するのは、面削に欠かせない心臓部とも言える超硬ミーリングカッターを

アップデートを重ねた面削装置。国内シェア90%以上を誇り海外でも活躍

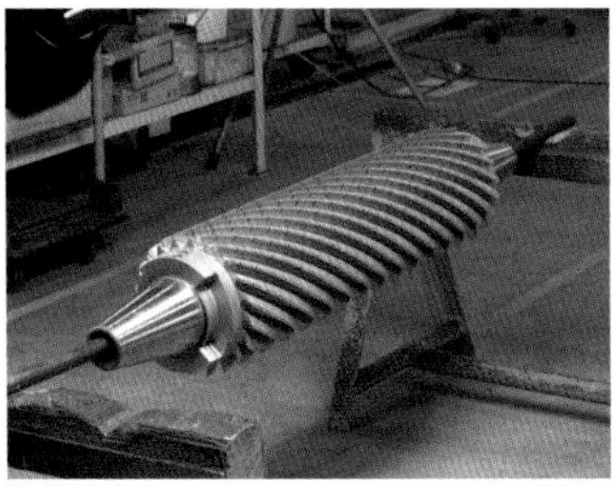

IKUTAブランドの中核となる超硬ミーリングカッター。国内メーカーは同社を含め2社のみ。中国、トルコでも生産

創業以来、京都伏見の地から最先端を行く素材産業のモノづくりを支える

自社ブランドで2000年に製造を始めたことが、ユーザーへの浸透拡大への大きな力となったということだ。カッター、研削盤、機械装置の3つをすべて自社で展開できるからこそ、特に海外ユーザーはワンストップで同社に安心して発注できるという。伸銅品産業は、世界的に見れば日本、中国、ドイツに加えて韓国、台湾も盛ん。今後急速な経済発展が期待される国々にもビジネスチャンスがある。過去20年間の事業展開では、中国にも生産拠点を置いたことで、受注に対応して生産量を拡大できた。今は、さらに5年から10年先を見据えて、発展が確実視されるインドに注目し、現地ユーザーの一層の開拓を含めた拠点構想を練っているところだ。

チャレンジ好きな社風が社員の成長を促す

2〜3年前までは社員70人弱の規模だったが、大規模な受注を踏まえて同社はエンジニアの積極採用に舵を切った。国籍も多様化しており、インド、インドネシア、ミャンマーといった国々からも高度な人材を採用する。ドイツやブルガリア、イランにも取引先はあり、加えて欧州市場の開拓を視野にトルコに製造工場を備える拠点を開設した。それだけに内外の人材確保が急がれる。2024年春の新卒入社は、大卒のエンジニアと文系事務の合計2人が入社する予定で、経験者の中途採用も活発化させている。

一方で、1999年に社長に就任した生田氏は、社員に安心感を与えられるような家族的な気持ちで接し、自身で社風を築いてきたという。その社風とは、新しいものが好き、チャレンジが好き、外国への抵抗感もないという自由闊達な雰囲気。社員に自分の存在感をなるべく見せつけないようにしている生田社長の姿勢が社風の醸成につながっている。伸銅機械、電池関連、レベラー、メンテナンス・工事、消耗品と、扱う分野が幅広い事業展開のためには、社員の自発的で創造的な活躍が欠かせないだけに、人材育成にも力を入れ、中長期展望の実現を目指している。

|わ|が|社|を|語|る|

代表取締役
生田 泰宏氏

社員とともに高品質なモノづくりで産業界に貢献したい

安心して働き続けられる会社。働きを通じて幸せになっていく会社。やりがい充実感が生まれる会社。見守られ感、認められ感、存在感を感じる会社。顧客の期待に応え続け、成長し続ける会社。このような会社を実現しようと考えていますが、まだまだハードルがあります。自分で言うのも恥ずかしいですが、私は頑張らない、威張らない、存在感を見せ付けないことにしています。そして、自分に甘く、人にも甘い。要は、社員の皆さんが力を十分に発揮して、活躍することが会社の成長に直結していると思うからです。

当社は今、急速に業績を伸ばしており、その成長を継続させるためにも、次の時代に向けた体制づくりが課題です。ユーザーからみて、品質はもちろんのこと、お客様に信頼される会社が伸びるであろうことは、国内外で共通している条件だと思います。一緒に展望を切り開いていきましょう。

会社 DATA

所在地	京都市伏見区横大路下三栖辻堂町6
創業	1919（大正8）年
設立	1953（昭和28）年4月1日
代表者	生田 泰宏
資本金	2,000万円
従業員数	90名（グループ160名）（2023年10月現在）
事業内容	銅や銅合金などの加工設備の設計・製作
URL	https://ikuta-sanki.com/

◢石崎プレス工業株式会社

絞り加工を軸とする精密金属プレス加工技術で最先端産業に貢献
――小型ボタン電池やリチウムイオン電池の実用化技術で飛躍

ここに注目！
服飾用ボタンから国内有数の薄板精密プレス加工へ昇華させた技術展開力
一流の技術とともに信頼とCSRを重視する揺るぎない経営姿勢

腕時計の革命とされたクォーツ式（水晶発振式）腕時計。駆動源をゼンマイから電池に置き換え、水晶振動子を発振させることで正確な時を刻む。このクォーツ式腕時計に搭載される小型ボタン電池（酸化銀電池）の陰極キャップの生産で飛躍を遂げたのが、石崎プレス工業株式会社だ。酸化銀電池の陰極キャップは外周のフチを外側に折り返す必要があるが、この加工に対し独自工法を開発し特許を取得。電子機器を中心に小型電池の採用が広がっていくなか、同工法の優位性による高い競争力により国内外の電池メーカーから次々と受注を獲得。以来、石崎プレス工業は、小型電池部品プレス加工のリーディングカンパニーとしての歴史を歩むことになる。

円筒型リチウムイオン電池缶で圧倒的な世界シェア

もともと同社は、1931（昭和6）年に日本初の服飾用スナップボタンメーカーとして創業し、自社ブランド「500番印」のスナップボタンは今なお生産継続中だ。スナップボタンの市場が縮小し始めると、トランジスタなどの電子機器分野にプレス部品の事業を広げ、これが1973年の酸化銀電池の陰極キャップの生産につながった。その後も同社の躍進は止まらない。ボタン電池から乾電池缶の深絞りプレス加工に手を広げ、1991年のソニーのリチウムイオン電池の登場で一段の飛躍を遂げることになる。「円筒型リチウムイオン電池がノートPCのバックアップ電源として使用され爆発的に伸びた時期、その深絞り缶は、当社が世界の圧倒的なシェアを占めていた」（石崎泰造専務）と言う。

深絞り加工とは、一枚の金属の薄板から様々な形状の底付容器を作るプレス加工法。フライパンや鍋なども深絞りで作られるが、同社の深絞りは乾電池缶に代表される非常に薄い製品を作り出せる高度技術。わずか0.1-0.3mmの薄さの精密部品を手掛ける稀有な存在だ。しかも保有しているプレス機は、その殆どが絞り加工に使用できる仕様で、200台を超える。「規格要求の厳しい非常に薄い小物精密部品を、少ないバラツキで大量生産できるのが当社の強み」（同）と解説する。すでに深絞り加工は、小型ボタン電池の陰極キャップと並ぶ同社の主力事業となっており、シートベルトやエアバッグ、カーエアコン周りなどの自動車関連の部品も手掛ける。一昨年には薄さ0.1mm程度のステンレスを素材とする円と楕円の組み合わせ形状の深絞り加工製品を受注。詳細は話せないそうだが、将来的にも有望な高付加価値製品を

環境に恵まれた本社工場

薄板絞りを主とする精密プレス加工

従業員

製造現場

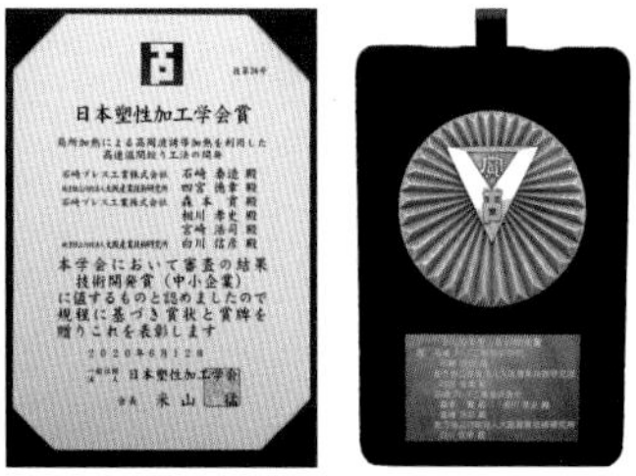

学会技術開発賞

手中に収めた模様だ。

売上の6割を直接取引に基づく海外売上が占めるグローバル対応力と、産学連携を軸にした技術高度化の取り組みも見逃せない。石崎隆造社長は、「事業を永続させるためにも、既存技術を深掘りするとともに、プレス加工技術の幅を広げていくことが欠かせない」と強調し、今年から大学の専門家を招いた勉強会を実施し、新たなプレス分野の挑戦を始めている。さらに、難易度が増す顧客技術ニーズへの対応力を高める金型設計製作に、3次元CAD/CAMを積極導入するとともに、経験値に頼る領域が多い深絞りへの成形シミュレーションを活用するなど、生産現場のデジタル化を推進。属人的なモノづくりから、ベテランの技術を承継できる態勢を整備しつつある。

9度目の優良申告法人表敬

今後のカギを握るのが若い力。新入社員は全14部署を経験する研修を終えたのち、各新入社員にひとりの先輩社員が付くメンター制度で手厚い教育を受けられる。若い社員を中心にした社員の技術習得にも力を入れている。技能検定などの国家検定の取得を奨励しており、今年からは、合格した人が取得を目指す社員の教育係となるサイクルを掲げた。全社的な技術水準を底上げしていくのが狙いだが、なかでも技術継承等を目的とした全200本に及ぶ動画マニュアルは、ベテラン社員が重視する音や勘所を動画でわかりやすく再現した力作で、誰もがいつでも閲覧できる。最近は女性社員の活躍も目立ち、間接部門だけでなく金型プログラミング業務などに携わり、産休や育休で退社した社員は皆無だそうだ。

「売り上げは顧客の信頼の総和」と語る石崎社長。顧客との信頼を経営の基本とし、また2021年には全法人の1割に満たないとされる9度目の税務署からの優良申告法人表敬を受けるなど、古くからCSR（企業の社会的責任）を重視してきた石崎プレス工業。間もなく迎える創業100周年を超えて、永続し得る会社を目指している。

|わ|が|社|を|語|る|

代表取締役社長
石崎 隆造氏

顧客と社会が喜び、社員が誇りを持てる会社づくり

今やモノづくりの世界は、QCD（品質、コスト、納期）を満たせば良いという時代ではありません。当社は、つねに挑戦を続け「一流を目指す」ことを経営方針に掲げていますが、謙虚に勉強し続け技術を磨くとともに、カーボンニュートラルをはじめとする環境保全の取り組みなど、CSRを徹底していくことが欠かせません。。さらにデジタル化を推進し、人に依存しない新たなモノづくりを確立することも必要です。そして最も大事なのが顧客との信頼関係です。スナップボタンの顧客には創業時から90年続いている取引先もあります。最近は、そんな会社の考え方、人の育て方、顧客との付き合い方を聞いて納得して入社してくれる若い社員が増えています。今後も経営の軸をぶらさず、顧客に喜ばれ、社会に喜ばれ、社員が誇りを持てる会社づくりを続けて参ります。

会社 DATA

所 在 地：兵庫県伊丹市森本1丁目98番地2
創 業：1931（昭和6）年
設 立：1933（昭和8）年2月1日
代 表 者：石崎 隆造
資 本 金：3,000万円
従業員数：197名（2023年5月現在）
事業内容：精密金属プレス製品の製造（小型電池用部品、電子部品関連品、自動車関連部品等）、服飾附属品の製造（500番印スナップボタン、つつみボタン「クロスシー」他）、精密金属プレス金型の設計、製作
U R L：http://www.ispress.co.jp/

イソライト工業株式会社

独自技術で高利益率を実現するニッチトップ企業
――カーボンニュートラル、SDGsで社会に貢献する断熱の革新者

ここに注目！

規制に対応してステップアップ
「深化」で慎重に足元を固め、「探索」で果敢に成長

イソライト工業株式会社は、耐火断熱煉瓦と高温断熱ウールに代表される高温用耐火断熱材の製造・販売を通じて熱産業の省エネルギー化に貢献している。とりわけ1000℃を超える高温環境下での断熱を実現するため、セラミックウール技術と多孔質化技術を基盤に新製品を提供し、熱産業だけでなく防災や環境保全など幅広い分野で社会に貢献している。

同社は京都帝国大学（現・京都大学）の吉岡藤作教授と日本板硝子出身の森源之助が能登半島に眠る豊富な珪藻土に着目し、1927（昭和2）年に大阪で創業した。当初は七輪を製造していたが、翌年に石川県七尾市の和倉温泉駅前に工場を建設し、断熱煉瓦の生産を始める。燃料資源の乏しい国内産業界の省エネルギー化に寄与すべく、技術の改良に努めてきた。

2度の大きな規制が差別化と成長のチャンスに

1962年に米国法人Babcock & Wilcox Companyの技術導入による最高品質の耐火断熱煉瓦を量産し、1967年にはイソライト・バブコック耐火（株）を設立してセラミックファイバー（現「イソウール」）の国内生産に着手した。優れた断熱性を実現する製品にもかかわらず、当初はなかなか販売が伸びなかったという。転機となったのは、1973年に世界を襲った「第1次石油ショック」だ。石油価格の暴騰で省エネルギーが国是となると、高い断熱性を持つ同社の製品が注目され受注が殺到した。

もう一つの転機は2015年の特定化学物質障害予防規則・作業環境測定基準等の改正だ。窯炉の天井や炉壁の耐火材、断熱材などに利用されていたリフラクトリーセラミックファイバー（RCF）が特定化学物質に指定され、予防規則の適用を受けることとなった。これを受けて同指定に該当しないアルカリアースシリケート（AES）の生体内溶解性製品や結晶化繊維（PCW）製品を使用した「ひとにやさしい製品」づくりで業績を大きく伸ばした。

2020年にはセラミックファイバーとアルミナファイバーを手がけるトータルファイバーメーカーの（株）ITMを合併。幅広い商品ラインアップと世界トップクラスの技術力を持つ、高温耐火断熱材のリーディングカンパニーとして確固たる地位を築いた。現在の売上比率はセラミックファイバーが7割、耐火断熱煉瓦が2割、その他が1割となっている。最近では熱工業用だけでなく、電子部品やリチウムイオン電池向けの材料熱

本社ビル外観

マレーシア工場での太陽光発電

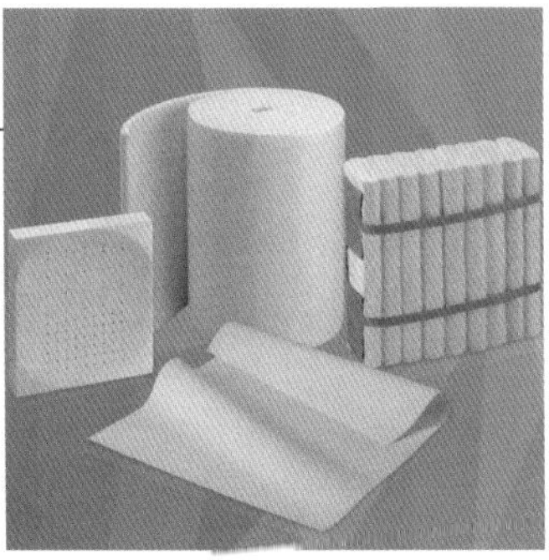

セラミックファイバー

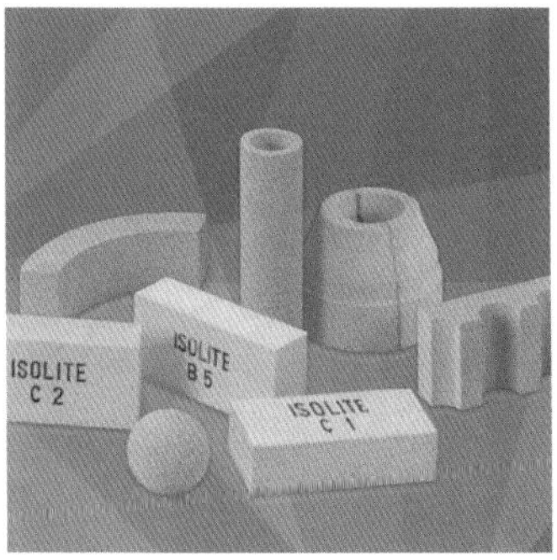

耐火断熱煉瓦

珪藻土原料採掘場

処理関連ビジネスが増えているという。

他社にできないきめ細かい製品づくりで飛躍

素材から2次、3次の加工品まで一貫して対応でき、他社にできないきめ細かい製品づくりが顧客から高い評価を受けている。成形品・加工品など高付加価値なニッチトップ製品も多く、2022年3月期の経常利益は過去最高を記録した。売上経常利益率（ROS）も20%と極めて高く、2023年3月期も同程度の水準を維持している。エンジニアリング事業も手がけており、断熱工事の設計から施工、メンテナンスまでトータルで提供できる。

同社の強みは研究開発力。国内360人の社員中1割近い約30人が研究職だ。軽量で耐熱性に優れた新素材を開発し、省エネなどのカーボンニュートラルやSDGsに対応した製品づくりが他社の追随を許さない。

デジタルトランスフォーメーション（DX）要員を増やし、ビジネス変革も進める。同社は社員の自主性を重んじ、仕事や教育などについて上司と話し合いながら自ら考えて問題解決する「自走力」重視の社内環境づくりをしてきた。ここ5年間で20人以上の若手社員を採用しているが、離職者はわずか1人だけだ。

同社は今年で創立96年目を迎え、キャッシュを生む断熱材事業の「深化」と、電子・半導体・リチウムイオン電池向けなど新規分野を育成する「探索」の「両利き経営」により、100周年の節目を迎えるにあたって盤石な体制で臨もうとしている。地球温暖化など次世代の課題解決に役立つビジネスで、さらなる発展を目指す。

|わ|が|社|を|語|る|

社長
金重 利彦氏

地球環境に優しい耐火断熱製品のグローバル供給

わが社は、カーボンニュートラルの実現に必要不可欠な耐火断熱材料のパイオニアです。今後、世界規模で化石燃料からクリーンエネルギーへの転換が進みます。この転換に重要な役割と使命を担うのが耐火断熱材料です。わが社は、時代の要求に沿った新製品を開発し、市場に提供することで、鉄鋼や非鉄、ガラスなどの素材産業から自動車関連や燃料電池の部材、半導体や電子部品の製造ツールへと適用される用途が拡大しています。わが社の製造している耐火断熱材は、これからも社会や市場のニーズに応じた進化を遂げ、その用途も住宅建材への適用など、更に広がりつつあります。社是である「創意と調和」の理念を大切に、人と地球環境に優しい耐火断熱製品の開発と供給により、持続可能社会の実現に貢献して参ります。

会社 DATA

所在地：大阪市北区中之島三丁目3番23号
設立：1927（昭和2）年11月25日
代表者：金重 利彦
資本金：31億9,650万円
従業員数：単体：340名、グループ：684名（2023年4月1日現在）
事業内容：■断熱関連事業＝セラミックファイバー各種製品、耐火断熱煉瓦の製造・販売等　■その他事業＝高温集塵用セラミックフィルター、高機能セラミックファイバー質成形体
URL：http://www.isolite.co.jp/

株式会社伊藤金属製作所

「匠」の技術を駆使して製品に「命」を吹き込むスペシャリスト集団
――安全安心な未来のため、質の高い人財と技術でベストソリューションを提案

ここに注目！

製造だけでなく、最適な生産設備も自社開発する「オールインワン企業」
生産管理から品質保証、人材教育まで、「徹底した可視化」で成長を後押し

伊藤金属製作所の誕生は1935（昭和10）年1月、松下電器製作所（現パナソニック）の専属工場として産声を上げた。家電業界の協力企業の中には、厳しいコストダウン競争や生産の海外移転に伴う空洞化で脱落した企業も少なくない。しかし、同社は産業界からのニーズに合わせて製品を切り替え、成長を続けてきた長寿企業だ。例えば1970年代のオイルショックでは建設機器や産業用ロボットなどの油圧部品に事業を拡大し、危機を乗り越えた。1990年代初頭のバブル崩壊後は、新たにデータ通信コネクターの生産に乗り出し、2008年に始まったリーマンショックでは、その3年前に進出した中国で顧客を拡大することで、経営を安定させている。

各種製品

生産技術設計ミーティング風景

「6つのコアソリューション」で差別化

同時に製造技術や生産技術に裏打ちされた、強力なソリューション提案力を身につけた。その技術的な裏打ちとなるのが、①「切削加工」②「樹脂成型」③「組立」④「設備設計開発」⑤「刃具研磨・センターレス研磨」⑥「計測・評価」の6つのコアソリューションだ。中でも生産設備・検査設備を自前で作っていることが大きい。社員の1割が生産技術職に関わっており、汎用工作機械では製造できない特殊な部品でも自社開発した機械で対応できる。同社は、他社から「無理だ」と断られた難しい部品も、難なく製造するプロ中のプロ集団なのだ。

最近はデジタルトランスフォーメーション（DX）による新価値創造で、さらなる進化を遂げている。新生産管理システム（IPS＝Itoh Production System）によるフレキシブルな生産体制、3工場共通運用による工場横断型生産体制の構築、ペーパーレスやハンコレスといった「レス」の促進、AIを活用したDXの充実による製品検査システムの強化やティーチングロボット活用によるモノづくり改革などだ。

自社製全自動組立機

自社製NC旋盤

自社製自動検査装置

それらを支える情報システムの強化も、生産状況を可視化するITO流IoTで実現。機械自動化による省力技術の収得や協働型ロボットの活用拡大、AI画像処理技術を用いた外観検査機の作製と検査システムの更新だ。可視化は管理職だけでなく社員全員で共有する。そのための工夫として、社員全員が必ず立ち寄る通路の近くに、生産現場の稼働状況を表示するディスプレーを設置しているという。各工場のどこでスピードダウンしているのか品質状況はどうかなどが一目で分かり、より効率的な生産の方法を探るための重要な情報になる。

人材育成も「可視化」で成果

可視化は生産だけではない。人材育成においても同様の取り組みをしている。社員一人ひとりにスキル記録をつけ、個人別スキルの棚卸しをしているほか、「この職種には、ここまでのスキルが必要」と定めた全社共通のスキルマップに沿った教育の実施、個人別教育記録を残すなどの工夫をこらす。上司と部下が四半期ごとにスキルマップで進捗状況を確認し、自らの立ち位置をしっかり確認して個々の能力向上に役立てる。技能検定やQC（品質管理）検定の受験支援や、職種別研修などを通じて「ひとりひとりが成長した分だけ会社が成長する！」を実現していく。さらにデジタル人材やロボスティック人材の積極採用、大学との共同研究など、次世代の新規事業に向けた準備にも余念がない。

川崎恭子社長は「仲間に迎えたいのはものづくりが楽しい、面白いと感じられる探究心のある人」だという。川崎社長は創業88周年を迎えた老舗企業でありながら社内体制を刷新して商機をつかむ経営手腕が評価され、2015年の「優秀経営者顕彰」で日刊工業新聞社賞を受賞。2018年には同社が「大阪ものづくり優良企業賞」の審査員特別賞に輝くなど、外部の評価も高い。伊藤金属製作所は歴史と伝統、そして高い先見性と実行力を兼ね備えた、オンリーワンの成長企業なのだ。

|わ|が|社|を|語|る|

代表取締役
川崎 恭子氏

「次もまた頼むよ」が大きな喜び

わが社は「おかげさまという感謝の気持ち」を持ち、生産性や品質重視になりがちな製造業にあって、モノづくりそのものを大切にしております。お客様から「伊藤金属製作所でないとダメなんだ。次もまた頼むよ」とお声がけいただけることは、大きな喜びであると同時に重い責任に身が引き締まる思いです。お客様のご期待に応え、社員の生活を守るためにも「大きなS（サステナブル）D（デジタル）G（グローバル）カンパニーを目指します！」を旗印に、「モノづくりを日本に残しつつ、グローバル展開を図ります！」「常に新たな価値創造をお客様に提供し続けます！」「モノづくり大好き集団を継続します！」の3つを実現する企業でありたいと考えております。

会社 DATA

所 在 地：大阪市東住吉区山坂1丁目7番2号
創　　業：1935（昭和10）年1月
代 表 者：川崎 恭子
資 本 金：4,752万円
従業員数：260名（2023年10月現在）
事業内容：各種金属切削精密部品の製造販売、樹脂成型部品の製造販売、配管関係組立部品の製造販売、その他これらに付随する一切の業務
U R L：https://itoh-kinzoku.co.jp/

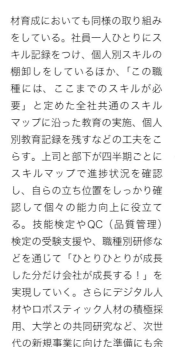

伊東電機株式会社

未来の生産・物流をイノベーションするグローバルニッチトップ企業
――〝マテハンの万能細胞〟をもとに搬送革命を巻き起こす業界の風雲児

ここに注目！
世界シェア 50%のモーターローラーを軸にした革新的製品開発力
ソフト技術を融合させた市場創造型の次世代事業戦略

新型コロナウイルスにより、私たちの生活様式は変化した。ネット通販の拡大もその一つ。コロナ禍にあっても、スマートフォン1つで翌日に品物が届くネットショッピングの恩恵に与った人も多いだろう。今では当たり前となった即日配送のネット社会を物流搬送の領域で支えているのが、伊東電機株式会社だ。

州政府が操業継続を許可

主力製品は物流倉庫や製造現場で使われるコンベア用のモーターローラー。実に世界シェア50%を誇る同社のニッチトップ製品である。ネット通販事業者の物流倉庫では、多種多様な品が瞬時に搬送、仕分けされるが、コンベアの頭脳ともいうべきモーターローラーなくして成り立たない。

新型コロナが世界的に猛威をふるった2020年のこと。伊東電機の現地生産子会社があるペンシルベニア州もロックダウンに見舞われた。休業やむなしと諦めかけた矢先に同社に舞い込んだのは、操業継続を許可する州政府の通達。伊東徹弥社長は、「当社が社会インフラの維持に欠かせない企業として認められた証」と説明する。

同社のモーターローラー「パワーモーラ」は、48年前の誕生以来、「業界に搬送革命をもたらしてきた」（伊東社長）。一見するとコンベアに取り付けるただの金属棒にすぎないが、内部にモーターと減速機を組み込んだのが最大の特徴。これにより荷物を自動で運べるだけでなく、搬送に必要な部分のみ稼動させることができるほか、速度を変えて荷物と荷物の間隔を縮めたり、荷物同士の衝突を防いだりすることも可能。さらに作業現場の低騒音化や消費電力の削減なども実現できる。

当初は工場などの生産ライン用が中心だったが、1998年の米国郵便公社（USPS）向けの大量採用をきっかけに、物流センターなどでの採用が一気に広がった。「USPSのコンベアの総延長は30km以上にも及ぶもの。一台の大型ホストで管理するのは無理がある。先代社長が何度も足を運び、やがて自律分散制御が可能なパワーモーラの利点が評価された」（伊東社長）と言う。

現在パワーモーラは、直流電源駆動で24Vのブラシレスモーターを搭載した「パワーモーラ24」を主力に、〝マテハン（マテリアルハンドリング：物流業務を効率化・自動化する機械装置の総称）の万能細胞〟として日米欧アジアのグローバルで採用される一方、仕分けや昇降機能を持つ多彩なコンベアモジュールをラインナップし、あらゆる仕分けを自動

海外物流センター

万能細胞MDR

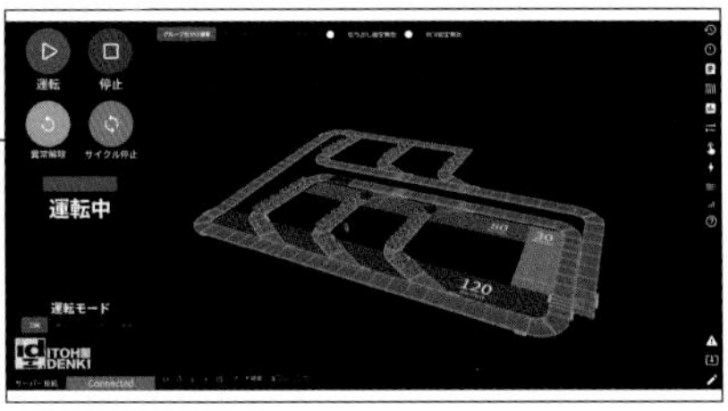

PCで簡単に自動化ラインを設計

搬送技術を植物工場に応用

社員で生野山荘_ログハウスづくり

で行なえる現場改善ツールに成長。さらにパソコン画面上でモジュールのアイコンを並べるだけで、簡単にコンベヤラインを構築できるソフト「id-PAC（ポイント アンド クリック）」の開発で、プログラムの設計者の負担を減らし、短時間で新たな仕分けラインを構築できるソリューションへと進化した。

「わずか3日で物流センターのラインを設置した例もある」（伊東社長）という驚きの商品で、今後はこうしたモーター技術とソフト技術を融合させたIoT/DXソリューションを軸に、さまざまな社会課題の解決に挑む方針だ。

自社設計、自社生産の強み

次々に革命を起こし、グッドカンパニー大賞や経産省のグローバルニッチトップ企業をはじめ、数々の受賞歴を持つ伊東電機の力の源泉はどこにあるのか。伊東社長は、「失敗を恐れず挑戦する社風と、時代を先読みした先行開発の姿勢にある」と言い切る。チャレンジの連続から進化したパワーモーラ。デジタル社会を予見していたかのようなid-PAC。そして「地元兵庫ですべてのモーターと制御基板、ソフトウェアを自社設計、自社生産していることが最大の強み」とか。そんな地域密着、地元愛は34年間にわたる少年野球大会の継続開催のほか、里山の活性化やレタスやイチゴといった植物工場開発など、積極的な地域創生活動にも現れる。

いま伊東電機には、兵庫だけでなく関西エリアや関東からも優秀な人材が集まっている。ここ数年は毎年20-30人の新卒者を採用し、設計開発や製造現場には若い力が溢れている。近隣の兵庫県朝来市にある生野高原に現れた社員手づくりの福利厚生施設は、新たなイノベーションを創造する場でもある。マテハンの万能細胞をベースに、次はどんな革命を起こすのか。伊東電機の躍進が、今後も続くことになりそうだ。

|わ|が|社|を|語|る|

代表取締役社長
伊東 徹弥 氏

〝運び方改革で働き方改革〟の実現に挑戦

当社は、小型モーター技術を核にして革新的なオリジナル製品を作り続けてきた会社です。なかでもパワーモーラは、世界各地のネット通販物流施設を中心に多くの採用をいただき、いまでは売り上げの6割を海外が占めています。大事にしていることは、失敗を恐れない姿勢です。失敗があるから成長と成功が生まれます。そしてチームプレーで物事を進められるコミュニケーション力も大切です。

いま物流業界やモノづくりの現場は、深刻な人手不足や技術者不足に直面しています。こうした社会課題の解決に向け、私たち伊東電機は独自のモーター技術にソフト技術を融合し、〝運び方改革で働き方改革〟の実現に挑戦しています。お客様の要望に応えるだけではなく、時代を先取りして新たな市場を創造する集団を目指していきます。

会社 DATA

所 在 地：兵庫県加西市朝妻町1146-2
創　　業：1946（昭和21）年2月1日
設　　立：1965（昭和40）年10月1日
代 表 者：伊東 一夫（会長）、伊東 徹弥（社長）
資 本 金：9,000万円
従業員数：400名（2023年4月現在）
事業内容：パワーモーラ（コンベヤ用モーターローラー）・制御機器・モジュール・ユニット・システムなど搬送関連機器の開発・製造・販売・設置、植物工場設備の開発・製造・販売・設置
U R L：https://www.itohdenki.co.jp

◢株式会社カツロン

プラスチック押出成形、総合力で価値創造
――パッキンから住宅建材、エコ、先端商品で活躍

ここに注目!
独自の3次元製法、循環型の技術
金型内製によるトライ&エラーを通じたリードタイム短縮

株式会社カツロンは、押出成形によるプラスチック製品で市場をリードする。顧客の多様なニーズに応えるモノづくり、品質管理、納期管理など総合的な実力を誇り、規模の大きい競合メーカーよりも、高い収益力で頭角を現す。近年の環境対応の顧客ニーズにも、独自の商品で拡販を進める。

独自の3次元成形で差別化商品

押出成形で作るプラスチック製品は、電車や貨物コンテナの扉部分のパッキン、自動車の窓枠、住宅内の手すりや階段すべり止めなど、身近なところにある。大手メーカーと機密保持のもとで開発する先端的商品など、一般に知られない縁の下の力持ちの仕事も、カツロンには多い。樹脂のノウハウは豊富で、熱可塑性樹脂はほぼ全種類を扱い、樹脂メーカーから用途開拓の相談も入ってくる。

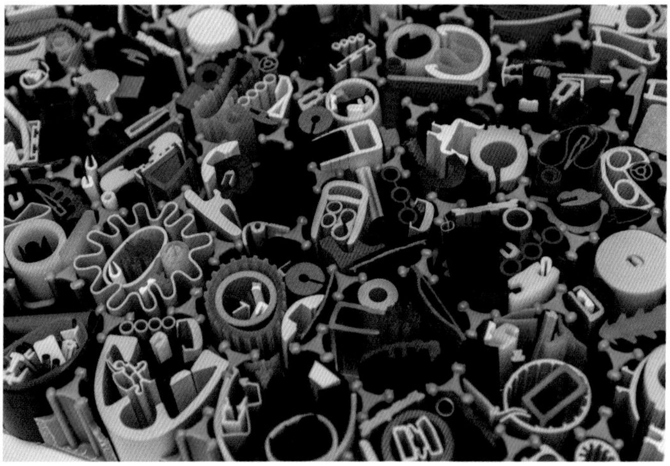
すべてカツロンの製品です

芝生を守るターフパーキング

看板商品として知られるのが、駐車場などで天然芝を保護する支持材料「ターフパーキング」。平板なシートに六角形で中空の突起をハニカム状にびっしりと形づくり、立体形状で天然芝の植生をガードする。工場などで緑地面積を確保するのに好評だ。押出成形と射出成形を融合した、同社の特許製法で作る。幅広で長尺サイズが作れることで、ターフパーキングは現場施工の手間が少ないのもメリットとなる。

現在は年に5万㎡をコンスタントに販売し、駐車場緑化のプラスチック商品でトップ製品となった。最近も、2025年の大阪・関西万博で目玉の一つ、「空飛ぶクルマ」の発着に用いるヘリポート施設で、1,800㎡分を納入・施工。世界にアピールする好機と期待される。

都市ガス会社などが展開する住宅の床暖房でも、同社の貢献がある。床下に敷設する給水パイプは架橋ポリエチレン樹脂が素材で、廃棄時の再利用が難しいのが課題だった。そこにカツロンが、使用済みパイプを再溶融して押出成形する技術を開発。外部企業の知見も借りて、波板に成形することで、コンクリート打設時の仕切りに使うことを着想。2015年から

一定間隔の節が体を支えるウェーブ手すり

製造部の様子

東大阪にある本社

生産を始め、従来の木板の仕切り材が不足してきたのを背景に、現場で普及している。

ターフパーキングも材料の75%は再生プラで、エコマーク認証も取得済。脱炭素の社会的要請を背景に、こうした再生品の需要が増えているという。

モノづくりの街で刷新した本社工場

同社の生産拠点は、大阪府東大阪市の本社・工場と、奈良、栃木。さらに2022年に同業の名古屋セロン（愛知県愛西市）を子会社化して、技術や生産の力を一段強化した。

それらを象徴するのが、2019年1月に新設した本社工場。東大阪市の保有地だった約4,100㎡を取得し、約20億円を投じて建設。モノづくりの街で知られる東大阪の玄関口となるエリアに立地し、3次元形状のウェーブ手すり、ターフパーキングに加え、階段ノンスリップ、自動車窓枠など、製品ショールームとしても効果的に活用する。

本社工場での目玉が金型の製作体制。成形で重要な役割を担う金型は、専門知識を有する外部の金型専業会社に外注するのが一般的だが、同社は新本社工場の稼働を機に金型設計者を4人に増やし、金型専業会社と遜色ない設計・製作体制を構築した。新しい仕事に対し、トライ＆エラーで完成にこぎつけ、リードタイムをぐっと短くする狙いだ。一方で外部の金型専業会社との連携も引き続き確保しており、金型の技術力は分厚い。

同じ東大阪市内にあった旧本社が手狭になっていたため、刷新は長年の課題としていた。そこに市有地の売却の話が持ち上がり、石川社長が満を持して取得した。「押出成形の拠点としては最新鋭を意識して作った」（石川社長）。

グループ売上高は40億円強、営業利益率は約10%、自己資本比率も約80%と企業基盤は厚い。

福利厚生の一つで、カツロン勤務の社員の昼食は会社負担で、地域で評判のいい料理屋と契約。「美味しい弁当を出している」と石川社長は、ほほを緩める。

|わ|が|社|を|語|る|

代表取締役社長
石川 明一氏

顧客ニーズに合わせて進化、社員にはいい人生を

顧客のニーズに一つひとつ応えてきて、今の当社があります。

経営者として、異形押出プラスチック業界でトップレベルである手ごたえがありますが、M＆Aを通じて少し違った領域の仕事を知ると、まだまだ学ぶことがあり、井の中の蛙だと気づかされます。顧客の信頼度、小回りの利く対応、市場での存在感など、さらに切磋琢磨していきます。

変化する顧客のニーズに合わせ、カツロンは進化していきます。業界トップを目指すためには社員の良いパフォーマンスが必要不可欠で、そのために必要な社内環境を整えていかなければなりません。

仕事を楽しみ、成果の喜びを皆で分かち合う「楽業偕悦（らくぎょうかいえつ）」がカツロンの経営理念。皆で協力して良い仕事をするための改善はもちろん、根本には当社で働く社員がこの会社に入社して良かったと思ってもらいたい。良い仕事・良い会社人生を送ることができるよう、改善の毎日です。

会社 DATA

所在地	大阪府東大阪市高井田中1-6-6
創業・設立	1949年（昭和24）6月10日
資本金	4,550万円
従業員数	118名（2023年10月現在）
事業内容	プラスチック異形押出製品の設計・製造
URL	https://www.katsulon.co.jp

株式会社カナエ

新しいパッケージで市場を創造し持続可能な社会に貢献

――商品の魅力を高め、安全・安心を実現する多様なパッケージソリューションを提供

ここに注目！

包装材料の販売、包装機械の製造販売、包装加工の3領域をカバーする独自性
自社研究開発部門と分析評価機能を構え、包装課題の解決とSDGsを推進

例えば、コンビニエンスストアのおにぎり。パリパリ触感の海苔が魅力の一つだろう。従来の直巻きおにぎりと異なる新たな価値を実現したのが包装技術。いわゆるパッケージの進化なくして、コンビニのおにぎりは普及しなかった。そんなパッケージの世界でエキスパートとして活躍し、業界をリードしているのが株式会社カナエだ。「包むで、未来を創る」というコーポレートメッセージを掲げ、顧客の要望や課題を解決する多様なパッケージソリューションを軸に、顧客に喜びと感動をもたらし、安全・安心な製品を提供できるパッケージの開発に取り組んでいる。

医薬品・化粧品・食品など5分野で事業展開

同社は1956（昭和31）年、プラスチックフィルムを主体とした軟包装材料の加工・販売という事業からスタートし、現在はパッケージを核に、医薬品・化粧品・食品・トイレタリー&ケミカル・メディカルの5分野を主体として事業展開している。商品の品質劣化を防ぐパッケージ本来の機能はもちろん、手指に力がない方でも開封しやすいパッケージ、商品を魅力的に見せたりするパッケージなどを次々に開発し、包装材料から包装形態さらには包装機械にいたるまで、研究開発における豊富な実績とノウハウを持つユニークな企業として、国内外で独自の地位を築いた。

受託包装・受託製造の各種製造業許可を取得し、包装資材を中心とする仕入先は約500社。販売先も受託業務を含めて約500社に上るが、樋髙成憲社長は、「包装材料の販売に加え、包装機械の製造販売、包装加工の3領域を手掛け、研究開発や品質保証までをカバーしている企業はめったにない」と説明する。材料販売の商社機能に留まらず、パッケージのコンサルタントとして顧客の様々なニーズに対応していることが、同社最大の特長と言えるだろう。なかでも新たなパッケージを創出する役割を担っているのが、2008年に開設した包装技術開発センター。様々な業界の顧客とともに製品のコンセプトやパッケージの

栃木新棟外観

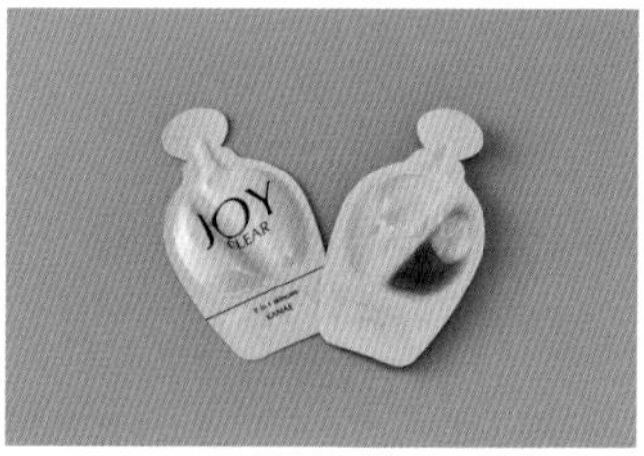

JOY CLEAR

コスモパック

包装技術開発センター

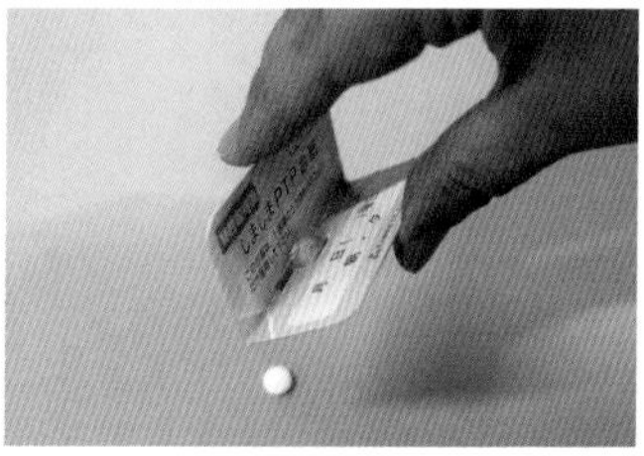

しましまPTP

化粧品サンプル

本社従業員

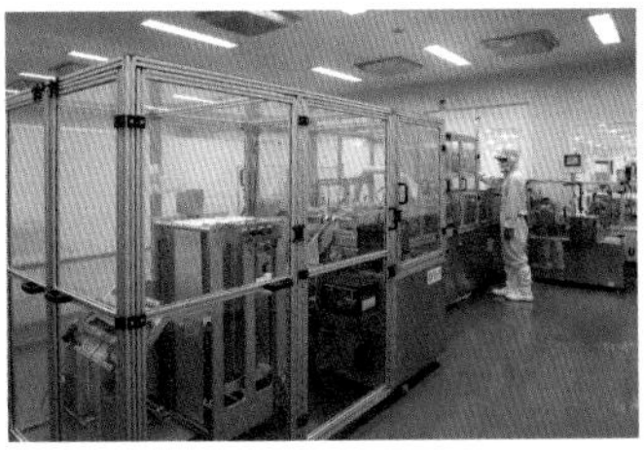

工場従業員

包装技術センター従業員

イメージを具体化し、試作から工業化をワンストップでサポート。さらには最新鋭の自社設備で様々な分析・評価を行って、顧客の細かな要望を反映したパッケージを作り出している。

そんな同社の特長が発揮された事例が、日本包装技術協会が主催する「2023日本パッケージングコンテスト」。開発品である用時調整パッケージ「JOY CLEAR」が包装部門賞/トイレタリー包装部門賞を受賞した。見た目と機能、機械適性の3つをバランスした同社の総合力の強みが生かされた。

2030年ビジョンを掲げ共通課題の解決へ

一方で包装は、商品の品質保持や破損を防ぐといった多くのメリットがある反面、消費者に届いたあとはゴミとなってしまい、過剰包装なども社会的課題となっている。樋髙社長は、「パッケージ企業であるからこそ、持続可能な社会の実現は最重要のテーマ。将来に向けてSDGsを中心とする共通課題の解決に全力で取り組む」と言う。例えば、医薬品のPTPシートでは、アルミ箔とプラスチックを分離してマテリアルリサイクルができるようにし、さらに一歩進めて素材を単一にするモノマテリアルパッケージを推進。プラスチックから紙へ、プラスチックもバイオマス由来のものへと変える動きを積極化している。

ダイバーシティについては、女性の活躍の場をさらに広げようと2020年から「カナリアプロジェクト」と銘打った1クール半年の15人程度による研修会を実施し、女性活躍推進に関する状況などが優良な企業に発行される厚労省の認定マーク「えるぼし」の3つ星（プラチナを除く最高位）を2021年1月に取得した。樋髙社長は「健康経営優良法人についても2025年をめどに認定を取りたい」と意欲的。2030年ビジョンとして、「新しいパッケージで市場創造し、持続可能な社会に貢献する」ことを掲げたカナエは、包装材料、包装機械、包装加工の総合的なパッケージソリューションを通じて、未来を切り開いていく方針だ。

|わ|が|社|を|語|る|

代表取締役社長
樋髙 成憲氏

ともにパッケージの可能性に挑戦していこう

「カナエ」という会社名が製品を通して世の中にでることは多くありません。しかし、私たちが関わったパッケージが「商品の顔」として、店頭に並んだり、テレビCMに出たりすることはたくさんあります。パッケージは中身を保護することが重要な役割ですが、持ち運びをし易くしたり、購買意欲を高めることもできます。また、コンビニのおにぎりをはじめ、新たな付加価値を付けることも可能で、パッケージには無限の可能性があると言えるでしょう。

「人々の幸せのために、新たな価値を創造し健康と豊かな生活に貢献します」という企業理念を掲げ、男性の育児休暇取得促進や、残業も極力減らすなど、社員の働きやすさを高める取り組みも強化しています。文系、理系を問わず、パッケージを通じて世の中のためにひと肌脱ぎたいと思う方を待っています。

会社 DATA

所在地	大阪市中央区城見1-2-27　クリスタルタワー23階
設立	1956（昭和31）年3月29日
代表者	樋髙 成憲
資本金	3億5,381万4,600円
従業員数	493名（2023年1月21日現在）
事業内容	包装資材の販売、包装機械の製作・販売、医薬品・医薬部外品・医療材料・化粧品・食品等の製造・販売
URL	https://www.kk-kanae.jp/

神谷機工株式会社

オーダーメード工業用刃物の若い老舗モノづくり企業
――半導体・電子部品向け超精密加工の「本社第2工場」を24年内に稼働

ここに注目！
インドネシア現法で若手社員が1カ月研修、ワンチームKAMIYAへ
2022年7月に3代目の神谷社長就任、個人面談で思い受け止める

神谷機工株式会社は、創業から70年を超えるオーダーメード工業用刃物の専業メーカーだ。社員の平均年齢は30代で、「若い老舗モノづくり企業」を標榜している。あらゆる産業の切削現場に対応し、時代とともに進化しており、売り上げに占める現在の主力は半導体・電子部品、自動車、鉄鋼・非鉄金属、木質材料向けと多様な産業分野にわたる。強固な財務基盤を背景として、本社工場の隣に半導体・電子部品向け超精密加工専門の「本社第2工場」を建設、2024年内に稼働する。

一方、東南アジアにおける販売拠点兼メンテナンス工場であるインドネシア現地法人では若手社員の研修が進む。22年7月に就任した神谷宗孝社長を軸に、「ワンチームKAMIYA」の取り組みが加速している。

刃物コンサルタントが製品開発も、公差1000分の3㎜の高精度

神谷機工は22年7月、転機を迎えた。約20年にわたり社長を務めた神谷明史氏が急逝し、子息の神谷宗孝氏が3代目社長に就任した。直後には敷地面積3,300㎡、2階建ての「本社第2工場」竣工が控えていた。神谷社長は「父である先代に見てほしかった」と残念がる。その神谷社長は大学卒業後、ドイツ語短期習得を条件に、ドイツのレーザー加工機メーカーのトルンプ社に2年間の研修生として入社、04年に神谷機工に入社した。営業と経営を担当し、強力なトップに任せきりではなく「若手が責任を持つ舞台（環境）をつくることで、社員の上下が歩み寄るように努めてきた」（神谷社長）。また、「事業承継に向けて創業者の気持ちを知るため」（同）インドネシア現法を立ち上げ、14年4月の設立以来ビジネスを軌道に乗せ、現地インドネシア人のみならず日本人若手人材の成長舞台となっている。

同社では、営業職として入社すると半年間、工場で刃物の製造を学ぶ。顧客の要望にふさわしい提案をし、現場と連携しながら刃物を完成させる「刃物コンサルタント」として育成するためだ。神谷社長は「営業が技術をわかっていて製品開発できる。スマートフォン分野では特殊フィルムメーカーと共同特許を取得した事例もある。顧客が求める以上の品質提供につながっている」と胸を張る。

また技術面では「300㎜の超硬素材板を超精密平面研磨技術により、厚み0.1mmに仕上げられる。公差は1,000分の3㎜」（神谷社長）と驚異の精度を誇る。他にも、刃物ボディのミクロな歪みを見極め、金属内部の応力をハンマーで調整する「腰入れ」という世界有数の職人技や、刃先へのPCD（ダイヤモンド焼結体）精密ロウ付け技術、切粉を99％削減するエコナイフ技術といった、独自の高度な技術開発を生み続けている。

米国やベトナムへの進出検討、次世代に立ち上げを託す

神谷社長は先代が築いた企業理

刃物コンサルタントと職人

インドネシア法人

オーダーメイド刃物を自社開発

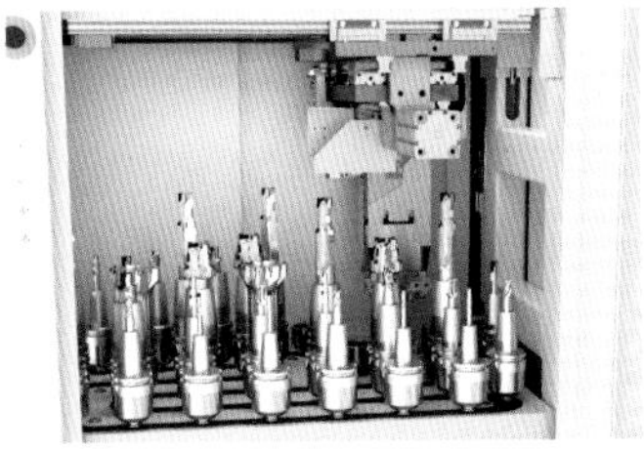
独自特許や顧客との共同開発も

2022年に完成した新工場

念「成功とは当たり前のことを永遠に繰り返すこと」や、経営理念「社員が主人公」は変えないものの、海外現法立ち上げに続いて独自色を打ち出し始めた。その一つが展示会への出展だ。先代は展示会出展をしない方針だったが、「時代に合った攻めの姿勢でやりたい」（神谷社長）という。また、半期に一度は、社長が全社員と個人面談を行う。神谷社長の座右の銘は、劇団四季の浅利慶太氏の教えである「慣れだれ崩れ＝去れ」。個人面談には「社員の思いを受け止め、一緒になって前に進みたい」（神谷社長）との思いがある。

インドネシア現法で、20代の社員が1カ月間研修する制度も立ち上げた。神谷社長は「年に2～3人、生活を含め体験してもらうことで視野を広げ、自分の頭で考えられる人間に成長してほしい」と願っている。インドネシア現法は販売だけでなく、刃物のメンテナンス工場として刃物を再研磨し、モノによっては新品以上のパフォーマンスを実現している。海外工場については「コロナ禍がなければ米国やベトナムへの進出を考えていた。次の海外立ち上げは次の世代の方に経験してほしい」と神谷社長は海外展開を加速する構えだ。目指すのは「国境や物理的な距離を超えたワンチームKAMIYAの形成」（神谷社長）だ。

さて、24年内には半導体・電子部品向け超精密加工専門の「本社第2工場」が稼働する。耐震性に優れた工場で、100年企業に向けた戦略的な投資だ。新工場建設のための借り入れで自己資本比率は83.8％（20年6月期）から68.7％（23年6月期）に下がったものの、なお強固な財務体質を誇る。売り上げに占める海外比率は約10％に過ぎず、成長余力も残す。3代目社長の挑戦は始まったばかりだ。

|わ|が|社|を|語|る|

代表取締役社長
神谷 宗孝氏

刃物によって社会や世界で何ができるのかを一緒に見に行こう

KAMIYAは世界に誇る技術力を持つチームです。世界中の人にモノづくりで貢献しています。私はいま、100年企業に向けて若さで会社を変え、新しいチームKAMIYAをつくっていこうとしています。刃物によって社会や世界に何ができるのか、その答えの先にある景色を一緒に見に行く仲間を求めています。

私は子供の頃から変わり者、海外でもStrange（風変わりなやつ）と言われました。でも、海外に出れば日本人は皆同じと言われる中で、どんな環境・状況にも果敢に飛び込み、挑戦できたのは、変わり者だったからだと思っています。男女も国籍も問いません。知らないことを知らないから教えてほしいと素直に言える、モノづくりにもその先にいる人にも興味や好奇心が持てる人に来てほしい。しゃべるのが上手じゃなくても不器用でも、誠実な人は言動に表れます。私も皆さんに誠実に向き合いつつ、チームKAMIYAを社会にとって善い循環を生むチームにしていきます。

会社 DATA

所在地	大阪市平野区平野西4-10-23
創業	1953（昭和28）年2月
設立	1968（昭和43）年7月1日
代表者	神谷 宗孝
資本金	4,500万円
売上高	8億7,700万円（2023年6月期）
従業員数	34名（2023年9月末現在）
事業内容	工業用機械刃物・特殊切削工具の製造販売
URL	https://www.kamiya-saw.co.jp/

クラボウプラントシステム株式会社

幅広い産業設備の提案・設計・施工をトータルに手がけるプロフェッショナル集団
――小回りの効くサービスと機動性で、顧客からの高い満足度を獲得

ここに注目！

少人数チーム内メンバーの裁量で設計・施工・試運転を実施することにより迅速な顧客対応を実現
「顧客にとって、メリットがある仕事」を提供し、リピーター需要を獲得

日本のモノづくりを支えるプラント。クラボウプラントシステムは、そうしたプラントの設計・施工・メンテナンスを通じて日本経済に貢献している成長企業だ。1970年にクラボウが社会問題となっていた公害を解決するため、自社工場向けに排煙脱硫装置を開発した。同年、この装置を外販するためクラボウエンジニアリング部が誕生。これがクラボウプラントシステムの源流だ。

その後、水処理分野にも事業を広げ、クラボウエンジニアリング部が販売する環境装置の工事とアフターサービスを手がける部門が分離独立し1976年にクラボウ工事サービスは設立した。同時に同社はクラボウグループの設備工事を元請として手掛ける施工業務も担うことになる。

2003年にグループ内の設備工事や環境装置で培った技術をベースに、一般企業向け工場設備工事を請け負う直販グループを開設。本格的な外販に乗り出す。発足当時、売上高の5%に満たなかった直販比率が2015年には約25%まで成長し、2017年に現在のクラボウプラントシステムに社名変更。

以降は直販ビジネスが順調に推移し、2023年度は75%を占めるまでに成長した。

「小回りの良さ」で柔軟な対応

同社の強みは「小回りの良さ」。一般的にエンジニアリング会社では、営業、設計、調達、施工が縦割り組織となっているところが多い。同社は小人数のチームで業務を分担しているため縦割り組織になっていない。大きなJOBもチーム単位で対応するため視野の広い社員の育成に注力している。チームごとに権限を移譲することで各メンバーが速やかに対応できる。速やかな対応＝「小回りの良さ」で顧客から高い評価を得ている。

同社は顧客や商社からの要望に応え、業界を問わず自社で対応できる仕事を請け負ってきた。現在は安定成長が見込める医薬品業界での受注に力を入れる。同時に「顧客にとって、メリットがある仕事」の開拓を目指す。例えば単なる移転工事であれば、顧客にとってメリットは小さい。しかし、そこに生産性向上や省力化を実現する新たな機能を組み込めば、顧客にとってより高度な製品づくりやコストダウンによる収益増といったメリットをもたらす。

同社にとっても高付加価値なプラントを提案することで、収益性

クラボウ徳島バイオマス発電所

某化粧品メーカー製造設備（兵庫県）

ユニフォーム

社員旅行（2019年伊勢志摩）

本社事務所ビル（クラボウ寝屋川ビル）

の高い工事を受注できるようになる。水野智行社長は「顧客にどのような新たな価値を提供するのかを追求している。プラスアルファを作ってこそ真の仕事だ」と話す。同社は事業の高付加価値化を進めることで、3年後に年商30億円、営業利益1億円、5年後には年商50億円、営業利益3億円の達成を目指す。

人材を大切にし「より良い仕事」を提供

そうした付加価値の高い仕事をする上で重要なのが人材。新卒社員の人材育成は、親会社のクラボウの新入社員と共に1カ月ほど社会人としての基礎教育を受けた後に、徹底した現場主義で仕事を学んでいく。プラント建設は1件1件の仕事が異なり、同じ内容のものは存在しない。そのため定型的なマニュアルは通用せず、現場で先輩社員の動きを見ながら仕事のやり方を学ぶ。

入社してからのキャリアパスは、1年目はエンジニアとしての基礎を磨きながら仕事の幅を拡げる。3年後にはチームのサブリーダーとして小規模プラント建設や修理工事を任される。5年後にはチームリーダーとなり中規模プラント工事、10年を過ぎると1億円以上のプラント建設責任者であるプロジェクトマネージャーとして第一線で活躍することに。少人数のチームで幅広い業務に関われるため、得意な業務や目標を定めやすい。そのためステップアップも早く、若いうちから誰もが知っている有名企業のプラント設備プロジェクトに関わることもできる。何十年も形として残る仕事やコンビニ・スーパーマーケットなどで見かける製品の製造に欠かせない建設工事に携われることは他では感じられない達成感となる。

「働き方改革」にも力を入れている。時間外労働削減のため、バックオフィスのDX化に取り組む。プラント工事では工場休業日に作業が集中するが、同社では家族や友人たちと一緒に休みを過ごせるようにサポート要員を配置するなど、ワークライフバランスへの配慮も欠かさない。「従業員が安心して生活し、幸福になる」を掲げ、社員と顧客、社会を満足させる会社づくりを進める。

|わ|が|社|を|語|る|

代表取締役社長
水野 智行氏

自分達が提案・コーディネートしたものが大きな形になる喜び

当社が売っているのは「商品」ではなく「技術」です。特に「流体」を扱う工場設備に強く、当社の技術がなければ世に出ない商品もあり、社会に貢献している誇りがあります。チームみんなが「技術営業」。個人の能力を活かせる分野で喜ばれる実績を作り、全顧客をリピーターにすることを目指しています。材料の調達や協力会社の選定・手配などのコーディネートはすべてその少人数のチームで行います。自分たちが提案・コーディネートしたものが大きな形になる喜びが、この仕事の一番の喜びです。

リピーターは顧客だけでなく、社員の家族も会社のリピーター（社員）になることが目標です。

会社 DATA

所在地：大阪府寝屋川市下木田町14番41号
創業：1976（昭和51）年1月
代表者：水野 智行
資本金：2,000万円
従業員数：45名（2023年9月現在）
事業内容：産業設備の設計、施工／工場付帯設備の設計、施工／電気計装設備の設計、施工／各種機器・工事の設計、製作、施工／工場建屋・土木の設計、施工／学校・体育館などの公共工事／環境装置の設計、施工／各種プラント・設備のメンテナンス／環境・省エネビジネス
URL：https://kksa.co.jp/

株式会社栗本鐵工所

人口減少が避けられない日本のインフラを持続可能に
——社会インフラと産業設備を革新するメーカー

ここに注目!

水道更新需要などインフラ向け商材が企業基盤の強固な屋台骨
「Beyond the border!」に続き、「Go Forward!」を掲げ事業拡大をさらに加速

2024年に創業115年を迎える株式会社栗本鐵工所は、水道・ガス用鋳鉄管製造を祖業とし、社会インフラと産業設備の両分野で活躍するようになった企業。

パイプやバルブ、機械といった製造物からくるイメージや品質・信頼性などから、取引先は一様に「堅い会社」だと評する。たしかにそれは間違ってはいない。しかし前中期経営計画では「Beyond the border!」を合言葉に既存の事業基盤を確立しつつ、境界線を越えた事業分野の拡大に取り組み、現中期経営計画では「Go Forward!」とし、事業拡大を加速させている。

水インフラではパイプを製造するだけでなく、設計・施工を一貫して請け負うDB（Design Build）方式での受注体制を構築。また、磁場を与えると粘度が変わる磁気粘性流体「Soft MRF®」を用いたデバイスを開発し、ゲーム分野で採用が進む。「我々の市場や商売はここまで、というラインは、もはやない」（菊本一高社長）。栗本鐵工所はいま、堅く、しなやかな会社へと変貌している。

地球18周分、74万kmの水道が埋設された日本

日本国内に張り巡らされた水道管路の総延長は約74万km、地球18周分の長さに及ぶ。その多くが高度成長期に埋設されたもので、耐用年数を超えた老朽管が増え続けている。自治体の水道技術者の減少や予算の制約もあり、20年度の管路更新率は年0.65%。更新需要は理論上、100年以上続く計算だ。

確実に顕在化する需要は同社にとって安定した収益源。しかし、菊本社長は「日本のインフラは危うい」とも語り、緊張感を滲ませる。視点の照準は未来社会だ。人口減少が加速する日本で自治体の財政や人手がさらに不足するのは必至。「より効率的な更新や、長寿命化、メンテナンス軽減を進める必要がある」とし、社会インフラを持続可能に組み替える責務の一端を担う。

このため同社は、受発注者の双方の業務効率化につながるDB方式の案件を19年に初受注。全国で実績を伸ばし、23年度末には累計受注が10件に達する見通しだ。一方、耐震型ダクタイル鉄管そのものも進化。従来比2倍となる100年の寿命を持ち、耐震性のあるGX形ダクタイル鉄管の普及を急ぐ。

持続可能なインフラへの組み替えは、パイプだけにとどまらない。橋梁分野では、長尺の複合素材を引き抜き成型する技術を活用し、軽量で錆びによる劣化がないFRP（繊維強化プラスチック）製検査路を開発。施工がしやすく、既存の鋼製検査路で必要だった定期的な錆止め塗料の塗り替え負担をなくした。「インフラ＝鉄」。そんな業界の常識を覆し、橋梁の検査路更新を中心に受注を進展。認知度が高まりつつある。

新たな事業や輸出拡大が伸びしろ

栗本鐵工所は鉄製品だけでなく、農業用水や下水道で使われる強化プラスチック複合管（FRPM）ほか、高電圧ケーブル

ダクタイル鉄管

MRFデバイス

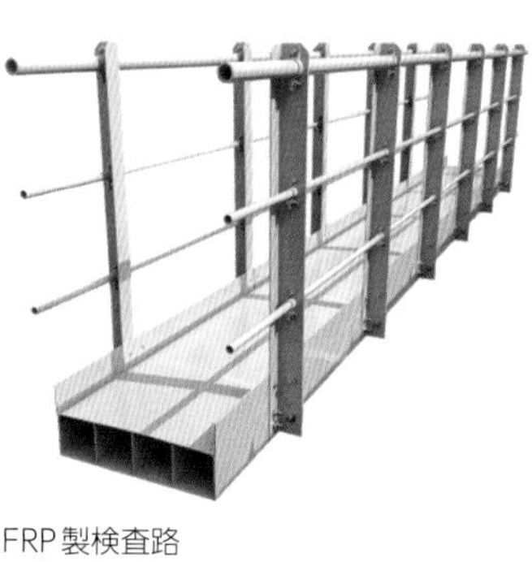

FRP製検査路

二軸連続式混練機トリミング

鍛造用プレス機

グローバル人材育成研修では現地で体験するプログラムも実施

を保護するポリコンFRP管(PFP管）など化成品製造の歴史も長く、蓄積したノウハウは多い。

「少し横に目を転じれば、貢献できることは予想以上にある」。菊本社長は実感を持ってそう語る。ハプティクス（感触）を磁力で操作できる磁気粘性流体の開発も、鉄ナノ粒子を成分とするため同社にとって“少し横”の技術。VR（仮想現実）ゲーム機やeスポーツへ採用されるなど、将来はメタバースや医療、産業機器分野への応用も期待する。

塑性加工分野では、プレス機の高性能化と海外市場での販売エリア拡大。

粉体分野では、高性能・高機能樹脂に適した混練・反応・脱溶剤システム設備の高付加価値化や前後プロセスを含むシステム提案に注力している。

海外事業拡大に備え、従来の新人研修や管理職研修に加えて、1年間を通じた長期のグローバル人材育成も始まった。国内での座学を経て、希望者は1週間、単独もしくはペアで海外でのマーケティングなど複数ミッションをこなすプログラム。年間20人前後が選抜され、現地で得た気づきや知見を活かす人材が増えている。

菊本社長は「社員には、失敗してもいいから、やりたいことにどんどん挑戦して欲しい」と発破をかける。社員の活力が顧客に届き、自社から取引先、さらには社会へと伝播することを確信しているからだ。目指しているのは「ワクワクする会社」。栗本鐵工所が領域の縛りを無くしたのは、社会や産業でより役立つ存在になるためであり、働く人が楽しめる環境をつくるためでもある。

|わ|が|社|を|語|る|

代表取締役社長
菊本 一高氏

「未来もよし」を加えた「四方よし」の精神で

栗本鐵工所の仕事は、誰もが安心して暮らせるよう安全で強靭なライフラインを築くこと。そして、より良い製品を生み出すための素材や技術で、産業設備に革新をもたらすことです。

近年、チャレンジする組織風土を醸成することで、既存領域だけでなく、隣の領域や、想像もしなかった領域で、新たな芽が次々に出始めてきました。

「売り手よし」、「買い手よし」、「世間よし」の「三方よし」に、「未来もよし」を加えた「四方よし」が我が社の精神。手掛けている多くの製造物は一般の人の目に触れることはありませんが、いずれも社会にとって重要なものばかりです。未来を良くすることができる技術と活力を持つ会社であると自負しています。

会社 DATA

所在地	大阪市西区北堀江1丁目12番19号
創業	1909（明治42）年2月
設立	1934（昭和9）年5月
代表者	菊本 一高
資本金	311億円（東証プライム上場）
従業員数	単体1,327名、連結2,107名（2023年3月末現在）
事業内容	ダクタイル鉄管類、水道用バルブ・産業バルブ、鍛造プレス、粉体処理機、プラントエンジニアリング、耐磨耗鋳物・破砕機、建築資材、FRP（M）製品等の製造販売
URL	https://www.kurimoto.co.jp/

株式会社菰下鎔断《コモシタヨウダン》

日本のモノづくりを支える精密鎔断のパイオニア
——厚板鋼板を機械加工並みの精度でカッティングする職人技術集団

ここに注目！

他社に真似できない圧倒的な高精度＆短納期を実現する企業力
鎔断から製缶、曲げ加工に進出する飽くなき挑戦マインド

鉄素材を融点以上に加熱して溶かしながら切り離す鎔断。金属同士を溶かして接合する溶接の逆と思えばよい。造船や産業機械、工作機械、建設機械など、国内の基幹産業を中心に幅広く用いられる加工技術で、この精密鎔断のパイオニアとして知られるのが株式会社菰下鎔断だ。鎔断できる最大の板厚は約1メートル。想像を絶する世界だが、菰下喜哉専務は「ただ切るだけなら他社でもできる。顧客の要求寸法に対し、研削加工と同等レベルの加工精度を出せるところに、当社鎔断の強みがある」と解説する。

創業は1936(昭和11)年。海軍出身の創業者が、軍艦の砲台の台座製作のためにドリルで孔を開けていた手法に代わり、精密ガス鎔断で時間短縮する方法を発見。当初はドイツ製の鎔断機を使用していたが、戦後いち早く酸素鎔断器具メーカー（現日酸TANAKA）と国産第一号の精密ガス鎔断機を開発。以来、精密鎔断に必要な加工技術とノウハウを蓄積してきた。その結果、同社で様々な形状に切り落とされた部品の多くは、手を加えなくてもそのまま製品に組み付けられる精度を叩き出せるまでに進化した。

3万トンもの多彩な鋼板をストック

そんな菰下鎔断の高度技術に、機械や建機、造船といった大手重工メーカーが注目しないはずがない。コンベヤ、タービン、クレーンにカムシャフト…。多種多様な厚板加工部品の注文が同社に押し寄せる。現在の取引顧客数は約1,000社。まさに日本のモノづくり基盤をがっちり支え、産業社会になくてはならない存在になっている。

精度ばかりではない。もう一つ同社を特徴づけるのが、鋼板の圧倒的な在庫量。約3万トンを常時ストックしている。厚板の種類も千差万別。顧客の注文を受けてから、製鉄メーカーに発注しても数カ月の納期を要する。自社で様々ある鋼板を在庫しておけば、顧客の注文に即応できることになる。在庫圧縮が製造業の永遠の経営課題とされるなか、そんな〝常識〟に目もくれず、ひたすら在庫を維持するところに菰下鎔断の凄みがある。不況時も黒字経営を続け、自己資本比率70%超の強固な財務基盤を背景にした豊富な資金力なしにはできない芸当だ。さらに熱処理による強度増しや歪み取りも自社完結し、鎔断プラスαの付加価値を提供できる点も大きい。

ちきり工場完成、
落成記念祝賀会を開催

本社外観

厚板製品鎔断の様子

託児所「ココモ」で会社復帰をサポート

菰下専務は、「他社が参入しようにも容易に真似のできないビジネスモデル」と言い切る。

実際の加工現場は、NC（数値制御）による最新の自動鎔断設備が並び、オペレーターがプログラミングした通りに鋼板が様々な形状に切断されていく。機械加工に迫る精密鎔断は自動化設備の賜物と思いきや、「鉄は生き物。五感を磨けと言われる世界がある」（菰下専務）とか。例えば鋼材のくせ。同じ種類の鋼材でも、メーカーや季節によって反りや表面が微妙に異なる。鎔断加工時の火花の出方や音から、鉄がどんな状態にあるのかを常時把握し、火口の角度や強度を調整する職人ワザが鎔断精度を上げる肝になる。「効率の良い商売では決してないし手間も掛かる。けれども間違いなく顧客に喜ばれ、社会に役立つ仕事。顧客とウィンウィンの関係に立てる技術集団でありたい」(同) と言う。

「四方良し」の経営理念

2021年秋、近隣の岸和田ちきりアイランドに新工場を完成、稼働した。曲げ加工や製缶の専用工場で、造船会社から溶接技術の専門家を招き入れ、鎔断から始まるトータルなモノづくりを完成させる同社の未来戦略だ。「後工程を知ることで、鎔断の技術向上に役立てる狙いもある」（菰下専務）。

託児所、スポーツジム、最近は5階建ての社員寮などを新設し、働きやすい職場づくりを進める一方で、息を合わせることを大切にする社風から、社員旅行や盆踊り、餅つきなどのイベントを多く残し、チームで事を成し遂げる日本人の良さが発揮できる会社でもある。営業利益の一定割合を賞与に還元しており、好業績のときは年間7―8カ月支給したこともある。近江商人の「三方良し」の精神をベースに、「作り手良し」を加えた「四方良し」の経営理念を掲げ、菰下鎔断は社員とともに創業100周年を目指す。

|わ|が|社|を|語|る|

代表取締役社長
菰下 茂夫氏

技量の向上に喜びを感じることができる企業を目指す

当社は昭和11年の創業以来、日本における自動精密鎔断業のパイオニアとして、常に一歩先を見つめた研究と技術開発で、わが国を代表する大手企業様をはじめとする基幹産業の発展に貢献してまいりました。モノづくりには終わりなき探求心が不可欠です。生産部門には「公差ゼロ」という厳しい条件を求め、現状に満足することなく、さらなる技量を身に付けていく仕組みづくりを進めています。そして作り手を加えた「四方良し」の経営理念で、お客様に喜ばれるモノづくりを通じて、自らの品質や技量の向上に喜びを感じることができる企業を目指しています。吸収したい、成長したいという気持ちがあれば、鎔断業の楽しさを味わってもらえることでしょう。

会社 DATA

所在地	大阪府貝塚市港14番地の2
創業	1936（昭和11）年
設立	1952（昭和27）年
代表者	菰下 茂夫
資本金	2億160万円
従業員数	208名（2023年10月現在）
事業内容	鎔断品、高圧継手品、ガラス鋼管の製造販売、産業機械（コンベヤ、プレス機械、破砕機など）、造船（船舶ディーゼルエンジン、蒸気タービンなど）、建機・土木機械（トンネル掘削機、クレーンなど）、その他（車両、リニア、遊園地機械、原子力設備など）
URL	https://www.komoshita.co.jp/index.html

◢大成化工株式会社

医薬品用包装容器メーカーのフロントランナー

――再生医療と世界トップレベルの粘膜ワクチン開発を軸にした新ビジネスを推進

ここに注目!

すべての医薬品包装容器を手掛ける国内で唯一無二のポジション
金型や滅菌を含む企画開発から製造サービスまでの一貫体制

薬の容器は、飲み物や食べ物の容器以上に遮光性や防湿性、気密性といった様々な高機能が求められる。なかでも薬に直接触れる容器（医薬品用一次包装容器）は、より繊細で厳しい品質基準を満たす必要がある。この分野で国内トップメーカーとして活躍するのが、大成化工株式会社だ。1932（昭和7）年、薬用ガラス瓶のコルク栓で創業し、戦後間もない1950年に大成コルクを設立。54年にはコルクに代わるプラスチック容器の製造をスタートし、医薬品包装容器で成長を遂げてきた。現在、医薬品包装容器と医療機器の売り上げが全体の9割を占める医薬品包装容器のフロントランナーだ。

薬は身体に入る経路によって、飲み薬、塗り薬、そして注射薬の3種類に大別されるが、白石保行社長は、「あらゆる種類の医薬品包装容器を提供できるのは当社だけ」と、強調する。例えば、飲み薬であれば錠剤を包むPTP（プレス・スルー・パッケージ）シート、塗り薬であればチューブやスプレー容器、そしてあらかじめ所定の薬剤が充填されているプレフィルドシリンジ（注射筒）。それぞれ専門の容器メーカーが存在するなか、大成化工はこれらすべてに対応できるというわけだ。素材もプラスチックのほか、ガラスやアルミと多彩な素材を取り揃え、製品アイテム数は3,000を超す。プレフィルドシリンジを含む医薬品用一次包装容器市場で国内トップのシェアを確保し、医薬品以外の化粧品容器などにも事業を広げ、右肩上がりの成長を歩んでいる。

金型内製にこだわる

そんな同社の強みとなっているのが、企画開発から製造サービスまでの一貫体制。顧客の包装容器の求めに対して、企画開発から製造、検査、滅菌までをワンストップで対応できる。無菌状態で製品を納められるよう、エチレンオキサイドガス滅菌など多様な滅菌サービスを備える一方、特に注目されるのが容器成形に必須の金型を内製化していること。コスト的にはアウトソーシングするのが得策だが、「金型を自前で作ることにより製品開発のスピードアップに貢献できるほか、顧客との秘密保持という点でもメリットがある」（白石社長）と、金型内製にこだわる姿勢を示す。

こうした一貫体制から生み出されたのが、他社を圧倒する技術開発力。2014年に、世界で初めて注射針とシリンジを一体化した針一体型プレフィルドシリンジを開発したほか、針が自動的に収納するシリンジや、体内に残るとリスク因子となるシリコーンを用いないシリンジ用ピストンなどで国内外の表彰を受賞。最近は、片手操作で二段噴霧が可能な経鼻投与デバイスを薬品メーカーと共同開発したのに加え、今後の再生医療を見据えて極低温保管できる瓶用スナップ栓や、細胞固有の識別マーカーを付与できるタガント添加容器をはじめとする数々の有望商品の開発を積極化している。

機能性と独創性が融合する価値ある包装容器を創り続けて行く

国内の医薬品用一次包装容器で、初めてサトウキビ由来ポリエチレン容器を採用

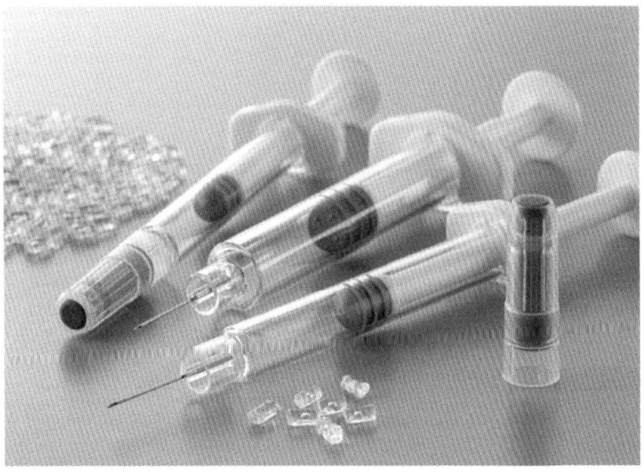

医療現場に欠かせないプレフィルドシリンジ。優れた機能は国内外の表彰を受賞

予防、診断、予後とソリューション領域へ

将来戦略も明快だ。「今後は治療領域だけでなく予防、診断と予後の領域へ挑戦する」（白石社長）。例えば、子宮頸がんの自己検査キット事業。子宮頸がん検査用器具メーカーを2021年に買収し、予防領域のいわばBtoCビジネスに乗り出した。さらに産学官による再生医療の産業化拠点となる「大阪中之島未来医療国際拠点」に、来春オフィスを開設。大手製薬会社や医療機関などの参加団体とともに再生医療ビジネスを進める一方、国のワクチン開発拠点形成事業に参画し、自社の経鼻投与デバイス技術を持ち込み、千葉大学と共同で世界トップレベルの粘膜ワクチンの開発を推進する。「製品だけでなくソリューションで価値を提供できる企業を目指す」（白石社長）方針だ。

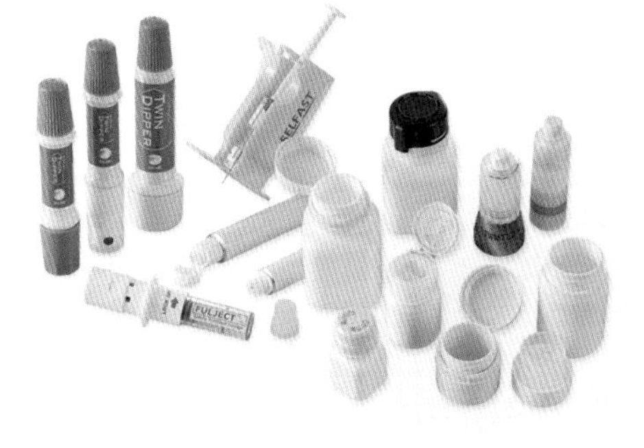

未来を見据えた有望商品の開発を積極的に推進

2021年に、グループ会社の岐阜工場に約45億円を投じて新工場を増設、翌年には大阪府箕面市に70億円を投じて新工場を建設し、2022年度の売上を244億円に伸長させた大成化工。「従来ビジネスの延長線上には伸び代がない」と言う白石社長には、強固なモノづくり体制と高い技術開発力をバックに成長を続ける新たな大成化工の姿が見えている。

|わ|が|社|を|語|る|

代表取締役社長
白石 保行氏

社員が活躍できる職場環境を整備

当社は、常に優れた機能と安全性を備えたクリーンな医薬品包装容器を開発し、社員一同「ハート&テクノロジー」をモットーに成長してきました。一方で、再生医療をはじめ、一段と高度化する医療技術に対応した先端の医薬品容器や投与システムの開発が不可欠になっています。今後当社の役割がますます強まることは間違いありません。このため当社は社員教育に力を入れるとともに、世の中の水準以上の昇給実施や有給休暇の消化を積極化するなど、社員が活躍できる職場環境の整備を進めています。さらに熊本大学様の医薬品包装学に関する寄付講座に協力し、医薬品包装を学問領域として定着させる取り組みを始めたところです。将来に向けて大きな可能性を秘めた医薬品包装の世界で、ぜひ若い力を発揮してください。

会社 DATA

- **所在地**：大阪府茨木市藤の里二丁目11番6号
- **創立**：1932（昭和7）年5月
- **設立**：1950（昭和50）年1月24日
- **代表者**：白石 保行
- **資本金**：9,800万円
- **従業員数**：1,070名（含むグループ・2023年10月現在）
- **事業内容**：医薬品用一次包装容器、化粧品用包装容器、医療機器の製造販売等
- **URL**：https://www.taisei-g.co.jp

タカラベルモント株式会社

パーパスに「美しい人生」を謳う
――理美容・医療向け機器や化粧品等を製造販売する老舗企業

ここに注目！
日本メーカーとして4番目の早さで米国に進出、販売実績は世界120カ国以上
研究開発＆生産部門の600名余がモノづくりを支える

タカラベルモント株式会社は創業から百有余年の老舗企業で、「美しい人生を、かなえよう。」というパーパス（企業の社会的な存在価値や社会的意義）を掲げている。老舗と「美しい人生」の組み合わせは、どこか連想しにくく、違和感が漂う。しかし、「健康で社会に貢献する」という基本理念のもと、理美容・医療関連機器や化粧品・医薬部外品を長年、製造販売してきたのが同社だと知れば、違和感は雲散霧消する。

1921（大正10）年、大阪で鋳物工場として発足しマンホールや七輪を製造したのがタカラベルモントの原点となる。1923（大正12）年の関東大震災で壊滅的ダメージを受けた東京に、大量の七輪を供給し、東京の食を守ったというエピソードがある。

1931（昭和6）年、米国製理容椅子の部品づくりを手がけたのが今日につながる。部品から椅子本体の製造に発展し、販売実績を積み上げた。1956（昭和31）年には米国に進出し、ニューヨークに現地法人を設立、米国市場の開拓に乗り出す。ちなみに、日本の製造業では4番目の米国進出という。以後、欧州やアジアの市場を次々と開拓。今では現地法人が12カ国、販売実績は120カ国以上のグローバル企業に成長した。

AI、IoTを駆使した製品も開発

現在の同社取扱品は、理美容サロンおよび歯科・眼科・産婦人科医院など医療向けの椅子、診察台、ユニットをはじめとする機器類と、頭髪化粧品や基礎化粧品をはじめとする各種化粧品・医薬部外品の二つに大別できる。その大半が自社製品で、研究開発に携わる100名余りと生産部門500名余の、合計600名強の社員がものづくりを支えている。

理美容向け機器の近況に目を向けると、最新のデジタル技術を駆使した新製品も世に出している。その代表例となるスマートデバイスミラー「エシラ」は、AI（人工知能）やIoT（モノのインターネット）により、鏡を通して、ヘアサロンの顧客とスタイリストが情報を共有し、最適なヘアスタイルに結び付けるといったものだ。

一方、医療向けでも創意工夫を凝らした機器の数々を製品化している。例えば、歯科医向けのコックピットのようなユニットチェアは、グローバル展開の強みとなっている。これはもともと、米国市場で販売していたが、好評だったため、日本に逆輸入したので、国

グローバル展開の強みである歯科医院向け設備機器。国・地域ごとに異なる医療ニーズに応えるラインナップを提供

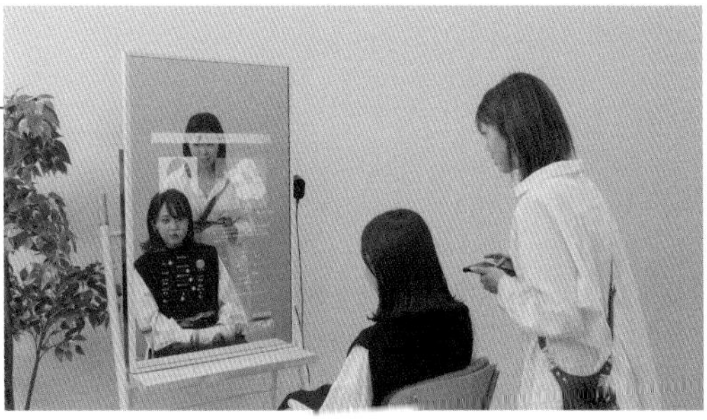

サロンビジネスの可能性を拡げる、AI搭載のスマートデバイスミラー

経験・年齢問わず自由に意見が行き交う職場環境

内外で広く活用されている。

歯科向けではCT（コンピューター断層撮影）・画像診断装置といった医療機器類もラインアップし納入実績を伸ばしている。また、眼科医向けにも同様のユニットチェアや画像診断装置を提供するなど、広範なニーズに応えている。

基礎から応用まで幅広の研究開発が高品質を担保

化粧品のジャンルでは、40年以上にわたるヘアサロン専売品ブランド「ルベル」をはじめとする有力ブランド製品をいくつも展開中だ。B to B（対ビジネス）が基本なため、一般には馴染みが薄い面もあるが、業界では高品質ブランドとして広く深く浸透している。

高品質を担保するのが、毛髪科学や皮膚科学に関する基礎から応用までの幅広い研究開発である。研究成果の一例として、毛髪内部のメデュラ（毛髄質＝鉛筆の芯のように髪の中心部にある組織）に白と黒の2種類があることを世界で初めて発見し、新発見を癖毛や白髪対策に生かす新基軸を発表している。

「当社の社員は自社ブランドや製品を誇りに思い、会社愛に溢れている」と冨谷明宣常務は胸を張る。パーパスとして打ち出している「美しい人生を、かなえよう。」の為せる業なのか。高水準を求められるプロフェッショナルユースの製品を取り扱っていること、経営者の人生に関わる事業展開、人のウェルビーイングに貢献していることが、誇りや会社愛につながっているようだ。

リクルート面では、新卒、中途を問わず広く募集中。技術系では、機械・電気・ソフトウェア、化学・薬学・農学・生物学をはじめ幅広い分野の人材を求めている。

|わ|が|社|を|語|る|

代表取締役会長兼社長
吉川 秀隆氏

世界は一つ、良い製品はどこでも売れる

早くから世界に目を向け、各国に拠点を持つグローバル企業であるのが当社の特徴です。「世界は一つ。求められる良い製品はどこでも売れる」との考えが、グローバル展開の根底にあります。今、力を入れているのがサスティナビリティ（持続可能性）やSDGs（持続可能な開発目標）に関わる取り組みです。グローバル展開を進める上で、これらが欠かせなくなっているからです。

生き残るのは最も強い者、最も賢い者ではなく、変化に最もうまく対応できる者だと言われます。当社が100年を超え歴史を刻んでこられたのは、この変化対応力ゆえだと自負しています。これからも、これまでの実績にとらわれることなく、新たな価値・サービス創出を加速させていきます。

会社 DATA

所在地：大阪市中央区東心斎橋2-1-1
創業：1921（大正10）年
設立：1951（昭和26）年
代表者：吉川 秀隆
資本金：3億円
従業員数：1,604名
事業内容：理美容機器および関連機器、医療用機器、頭髪化粧品・基礎化粧品等の製造販売および輸出入、店舗・医院の設計・施工、エスティシャンおよびネイリスト養成
URL：https://www.takarabelmont.co.jp/

株式会社タブチ

多彩な製品で快適な暮らしを支える流体システムのリーディングカンパニー
――水をコントロールする技術をベースに新領域でさらなる飛躍

ここに注目！
水道分野に留まらず新規事業領域を開拓するダイナミックな事業推進
開発、営業部門を中心とする若手社員のエネルギー

創業から80余年、株式会社タブチは給水装置のリーディングカンパニーとして、日本の安心・安全で高品質な水道インフラの一翼を担ってきた。給水装置とは、各自治体の水道局が敷設した配水管から分岐した給水管と、それに直結している蛇口などの給水用具のこと。給水管路に必要不可欠なサドル付分水栓や継手、止水栓、また、宅内の配管システムや蛇口を壁内に埋め込む仕様でグッドデザイン賞を受賞した洗濯機用水栓コンセント「フラット」など、自社商品は多彩を極め、主要アイテムだけでも数百品目に上る。

そんな給水装置のリーディングカンパニーであるタブチに変革の時が訪れている。新領域である「空調・冷媒」関連市場への挑戦が開花し始めた。例えば、冷媒銅管用ワンタッチ継手「エフー1」。ロウ付け不要の火無し工法で安全性向上と施工時間短縮を実現し好評を博している。水に加えて、空気やガスなど様々な流体を扱うメーカーへ飛躍を遂げ、より快適な暮らしのために、流体をコントロールすることを使命として社会に貢献する。それがタブチの描く将来の姿である。

本社社屋外観

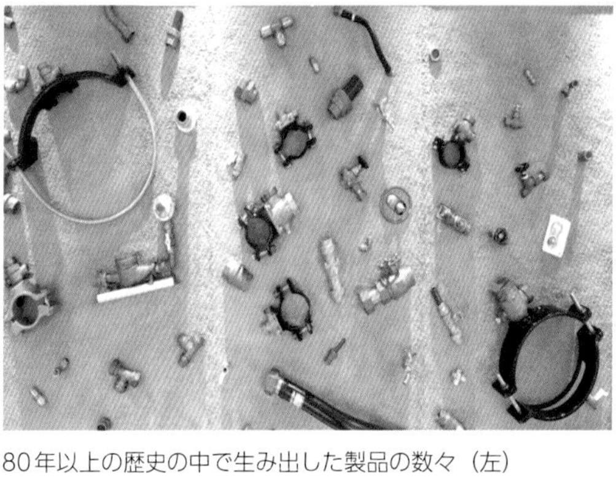
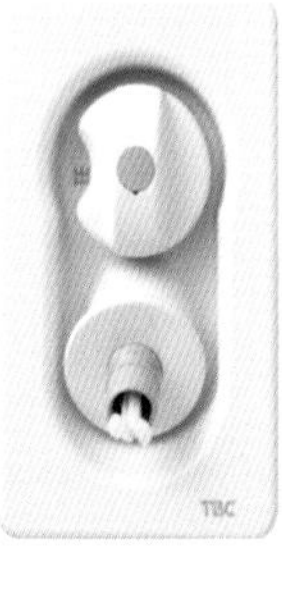
80年以上の歴史の中で生み出した製品の数々（左）
グッドデザイン賞受賞の洗濯機用水栓コンセント「フラット」（右）

数々の開発品が業界標準

タブチの最大の強みは、研究開発から製造（鋳造・加工・組立）・販売までをグループで一貫してきたことによる高い技術力と開発力。なかでも1960年代に開発したサドル付分水栓は、断水不要で配水管から分水できる装置としてまたたく間に普及。日本の水道普及率向上に貢献した。サドル付分水栓をはじめ数々のタブチ開発商品が業界標準になっており、タブチのブランドは水道業界で絶大だ。

経営基盤も盤石。地域密着で北海道から沖縄まで全国に26の事業所を構え、各自治体の水道局やハウスメーカー、サブコンをはじめとする取引先に高品質の給水装置を安定供給する同社は、80年以上連続黒字を続ける優良企業でもある。

ところが、そんな安泰のポジションに留まらないところに、この会社の魅力がある。約10年前、給水装置で培われた技術を応用して、工場などのエアー配管用の商品投入に乗り出した。それが三層管配管システム「ライトエアー」。従来の鋼管に比べ圧倒的

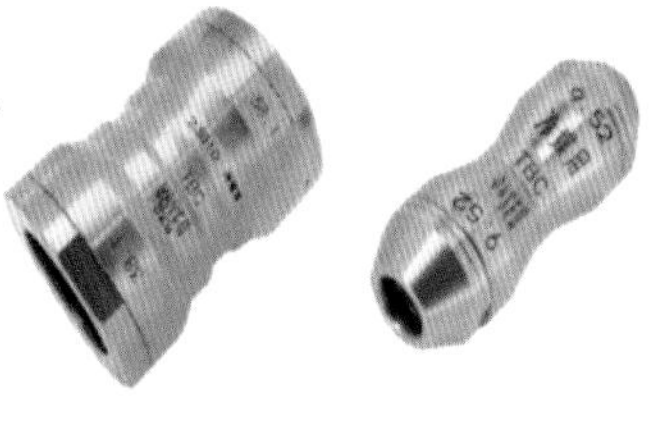

冷媒銅管用ワンタッチ継手「エフ-1」

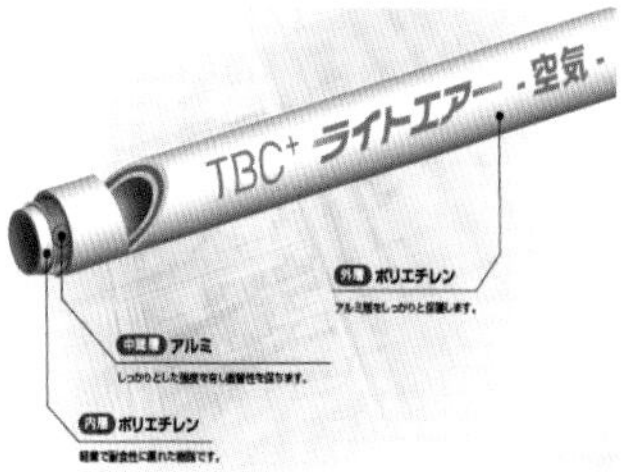

三層管配管システム「ライトエアー」

若手社員が活躍する職場風景

に軽く施工性に優れており、全国で実績を伸ばしている。当面は「エフー1」との二枚看板で、「空調・冷媒」関連商品を広げていく方針だが、今後、基盤である給水装置で一段のシェア拡大を図る一方で、「空調・冷媒」を皮切りに水以外の新事業開拓をより積極化する。「将来的には、水道関連以外のビジネスで売り上げの半分を目指したい」(田渕貴之取締役)と意欲的。給水装置のタブチが、流体システムのタブチへ変貌を遂げようというわけだ。

また、別の取り組みとして、2014年に、ベトナムに現地法人を設立。同国向けにサドル付分水栓を製造・販売し同国の漏水問題の解決に取り組む海外事業をスタート。ベトナムでの事業を安定化させたのち、周辺アジア地域への展開をにらんでいる。

若手社員の成長をサポート

ダイナミックな事業推進の主役となるのが、挑戦意欲の高い若手社員。開発や営業部門には若手社員が多く在籍し、半数が20～30歳代の社員で占められる。若手社員は、入社1、2年目の新人研修や職場毎のOJT研修、自己啓発支援制度を通じてスキルと経験を伸ばせる。また、若手社員にフォーカスしたサポートも充実させ、25歳～35歳まで最大月額18,000円を支給する特別手当の導入や、奨学金の返済をサポートする奨学金補助制度を設けるなど、若手社員が働きやすい環境整備を進めている。

環境への取り組みにも積極的で、「流体をコントロールし、より快適なくらしを」と題したTBC環境ビジョンを掲げ、2019年からSDGsの取り組みを本格化。安心・安全なライフラインを構築する強靭な製品の展開や原材料・エネルギーの削減、ワークライフバランスの実現などを目標に、持続可能な社会を目指している。加えて、地域密着で2025年の大阪・関西万博にも協賛参加するタブチ。創業100周年に向けて日々、進化を続けている。

|わ|が|社|を|語|る|

代表取締役社長
田渕 宏政氏

日本の高品質な水道インフラの実現に貢献

当社は「水道本管から蛇口まで」をモットーに、様々な給水装置を提供することで、日本の高品質な水道インフラの実現に貢献してきました。単なるパーツの提供に留まらず、快適な暮らしを生み出す給水システムの構築を展開し、安全・安心で心地よい社会の実現に向けて、今後も「水」を快適に使っていただくための様々なアイデアを提案してまいります。一方で、私たちの活躍の場は「水」以外の領域にも広がりを見せています。これまでの常識を打ち破る、冷媒銅管用ワンタッチ継手「エフー1」や三層管配管システム「ライトエアー」をはじめとする新商品群は、長い給水装置の歴史で培われた当社のチャレンジ精神の象徴であり、これからのタブチを切り拓く大きな力となります。持続可能な社会の実現に向けた取り組みとともに、時代のニーズに合わせて変化していくタブチにご期待ください。

会社 DATA

所在地	大阪市平野区瓜破南2丁目1番56号
創業	1941（昭和16）年7月
設立	1952（昭和27）年3月
代表者	田渕 宏政
資本金	3億5,315万円
従業員数	435名（含むグループ・2023年4月現在）
事業内容	給水システム商材、空調システム商材、工場用エアー配管システム等の製造販売
URL	https://www.tabuchi.co.jp/index.html

大王電機株式会社

『品質』を通じて社会に価値を創造する会社
――工場向けFA装置とエンジニアリングサービスでモノづくりを支える

ここに注目！

複雑かつ高度化する顧客の品質管理ニーズに技術でカスタム対応
約 2,000 社の取引先を抱える計測器校正事業は、需要拡大でさらに伸長

自動車や家電、医療機器など私たちの暮らしを支えるモノは、実に多種多様な部品や部材が組み合わさってできている。大王電機は、これらの品質を守る技術とサービスに特化した企業だ。事業全体を一般の人に一口で説明するのは極めて難しいが、「あえてわかりやすくまとめれば、工場向けFA装置とエンジニアリングサービスの会社」（近藤輝社長）だという。

部品に刻印が入ることはない。ましてや、最終的に出来上がる商品のロゴで人の目に触れることなどない。「しかし、無くてはならない存在である」と近藤社長は静かに熱く語る。あらゆる製品とその製造工程が高度かつ複雑になり、品質管理ニーズの質と量が急激に高まる中、この分野で技術と柔軟性を磨いてきた大王電機の成長にも拍車がかかる。

顧客が製造するモノと現場を熟知している強み

同社の事業の柱は、「計測器校正サービス」と、LSI（大規模集積回路）メーカー向けに開発から量産までのテスト全般を支援する「LSIテストソリューション」。そして、カスタム試験機や搬送部を含めた試験装置を開発する「計測システム開発」だ。

この3事業に集約したのは2011年から2012年にかけてのこと。創業時は大手電機メーカーの通信機用トランス製造を請負い、後に技術力を見込まれて計測器の校正やLSI回路設計の一部を任され成長した。

リーマンショックや国内半導体メーカー再編など環境変化に合わせ、大王電機はモノづくりそのものではなく、モノづくりを支える黒子に徹することを選択。ただ、モノづくりを源流に持つ企業DNAは、いまなおアドバンテージとして堅持する。

例えばLSIテストソリューション事業。「半導体そのものとテスターを熟知する技術者を抱えているのが強み」だという。社内の技術者は勉強会や研修で最新動向を把握するとともに、技術課題を常に共有するチームとしての強さを誇る。テストのタクト改善や、複数個の一括テストなどで顧客が求める検査工程の最適化ニーズに応えている。

モノづくりの現場を知っていることの強さは、ユーザーに寄り添った計測システム開発にも表れている。「品質の重要性は年々高まっているが、顧客の現場は人もスペースも足りないのが実情」。いかに省スペースで人手を介さないシステムを構築するかがカギを握る。

機器の組み合わせは数千種（無限大）。顧客ごとに異なる要求や課題に、電気やソフトウェア、メカトロニクス、治具といった各分野の設計力を集結し、最適解を導き出す。

一方、計測器校正サービスも、「オシロスコープやデジタルマルチメーターと一口に言っても、ユーザーごとに使い方が異なる」ため、専門性と幅広さの両方が求められる難しい世界。同社は高い技術力を持つ社員と、多様な種類の計測器の校正マニュアルを揃え、従来からの製造業界に加え、

社屋

異音検査装置

これからも成長し続ける「大王の樹」。ロゴから伸びた木が豊に成長し、社会と繋がっていくことを表現

若手・新入社員研修

中堅社員研修

鉄道や医療など特殊分野をも取り込み、約2,000社と取り引きしている。また、きめ細かなサービスが、競合との差別化ポイントだ。通常、宅配便でやり取りすることが多い校正サービス業界だが、大王電機は一定エリアで自社便ルートを構築。柔軟な引き取り・配送体制を敷くことで、顧客が計測器を使えない期間を低減するなど、ここでもユーザー目線が活きている。

人材育成を経営の真ん中に

「すべては人材あってこその事業」。近藤社長はそれを強く認識し、人材育成を経営の真ん中に据える。

近年は、事業横断の育成管理者を置き、スキルマップで引き継ぐべき技術を明確にして目標設定することで、個人任せにならない技術継承を推進。経営ビジョンと中期経営計画を策定し、社内全体の価値観の共有や意識の向上を図っている。また、目標管理と進捗管理を明確に定めた人事評価制度を整え、新卒・中途採用を強化。ベテランと中堅、新たな人材など全世代のギアがかみ合い、顧客からの評価の高まりで新たな受注へ繋がる好循環が始まっている。

「大王電機は、機械が動いて価値を創造する会社ではなく、人が考え、人が動いて、人が価値を提供する会社」。人材の成長が顧客メリットに直結し、ひいては自社の成長へと繋がるのだ。「働く人が一番大切」。そう語る近藤社長の言葉には、実感と強い想いがこもっている。

|わ|が|社|を|語|る|

代表取締役社長
近藤　輝氏

働く人の人生の「品質」も

「Cheer Up Your Quality～『品質』を通じて社会に価値を創造する」が、我が社の経営ビジョン。ここで掲げている「品質」は、お客様の品質やモノづくり業界の品質だけではありません。働く人の人生の品質をも応援する会社、支える会社でありたいと考えています。

2022年2月に50周年を迎えた我が社は社史ではなく、社員が思い思いの服装やポーズで写るアルバムを作成しました。ギターを片手にポーズを決める人、応援する球団やサッカーチームのユニフォームを着て満面の笑みを見せてくれる人――。あらためて、個性ある仲間の衆知が会社を創っていることを実感しています。

社員とお客様、社会を支え、応援する。わが社はそれを実行し続けます。

会社 DATA

所　在　地：兵庫県伊丹市北伊丹9丁目80番地1
創　　　業：1972（昭和42）年2月
代　表　者：近藤　輝
資　本　金：7,350万円
従 業 員 数：107名（2022年4月現在）
事 業 内 容：計測システム開発事業、計測器校正サービス事業、LSIテストソリューション事業
U　R　L：https://www.daioh-denki.co.jp/

◢大同機械製造株式会社

粘性液体ポンプで国内首位、海外市場にも拡販
──優れた省エネ、耐久性で顧客ニーズつかむ

ここに注目!

タオクロイド歯形の内転歯車ポンプで高シェア
自社拠点、代理店網で海外販売

大同機械製造株式会社は歯車（ギア）ポンプの専門メーカーで、上場企業を多数含む1,000社超を顧客に抱える。同社のポンプは、粘性液体を次工程に送るのに適し、ニッチ市場が活躍の舞台。海外も中国・上海の現地法人含め、アジアを中心に10カ国に代理店網を広げる。社員が働きやすい環境を整え、基盤強化に余念がない。

本社工場

内転歯車ポンプ　断面写真

石油化学や食品業界などで、豊富な実績

多様なギアポンプ製品群の中で、主力は内転歯車ポンプ。食品ではチョコレート、こんにゃくゼリーなどの製造工程、石油化学系で塗料、インク、接着剤の製造工程、合成樹脂のアクリル、ポリプロピレンなどの製造工程で使われる。ある大手製菓会社のチョコレートのラインはすべて、同社の製品が採用されているという。粘性液体は多種多様で、混ぜると粘性が下がる、混ぜても粘性が下がらない、あるいはグリス油のように流動しないものなど。それぞれに適したポンプの知見が豊富だ。

内転歯車ポンプは構造面から、省エネルギー、耐久性に優れる。外装ケースの内部に、駆動歯車（ギア）、小径の従動歯車（ピニオン）、三日月形の仕切りが主な構成。ギアが回転し、それに伴って、偏心したピニオンが回転。三日月の仕切りと、2種のギアの隙間に負圧が生まれ、粘性液体が入り込み、ギア回転で吐出側へと移送する。国際特許のタオクロイド歯形が性能の秘訣だ。

一般の遠心力を使うポンプだと、常に高速での回転が必要なのと比べ、無駄のないエネルギーで稼働する。またギア、偏心のピニオンはそれぞれ同方向に回転し、歯のかみあう部位が順にずれ、歯にかかる負担が分散される。これらの特性で、顧客によっては50年間ノーメンテナンスで稼働中の例もある。

海外プラント向け大型ポンプ出荷前検査

オリジナルエコバッグ　デザイン公募社長賞授与

子会社の生田鉄工株式会社と合同で社員旅行　宮古島での集合写真

機械メーカーにとって、保守・メンテナンスは、納入台数の累積につれて収益に寄与する。同社も同様だが、保守・メンテナンスの頻度が高いと感じた場合は、ユーザーの現場を診断させてもらい、適切な使用法か否か、点検も励行している。改善余地が分かり、保守・メンテの頻度が下がれば収入減。それでも製品の利点を十分に実感してもらうプラス効果の方が大きいと見ている。そうした製品の信頼性を武器に、国内で競合する2社と比べ、優位な地位を持続している。

ランニングコストの重要性、的確に伝える

一般に、回転する機械のライフサイクルコストは、初期コストが15%、ランニングコストが85%という定説がある。安価な製品を選んでも比較的早い段階で、高い買い物につく理屈だ。「そうした点を、実績値、事例をもとに、当社営業マンがきちんと説明するのがポイントになる」と大田龍一郎社長。製品への自信を示す。

国内の化学プラントは稼働率が低調で、従来の市場環境は厳しいが、半面で、電気自動車（EV）の電池製造、樹脂リサイクルプラント、ほかにもエコをテーマにした新しい需要が出てきた。為替の円安で、アジアの大手プラントメーカーから引き合いも増えており、商機を見ている。

大田社長は4代目。95年に新卒で入社し、経営が苦しい時期も経験。販売を伸ばそうと、手薄だった海外の販路開拓に単身挑み、販社を見つけては口説いて回った。そして現在、台湾、シンガポール、タイ、インド、インドネシアなど、10カ国にわたる海外代理店網を構築した。保守・メンテナンスの収益化も進めた。入社時と比べ、売り上げは約2倍に伸びた。

自らの経験も踏まえ、ボトムアップでの社内活力を重視。外部セミナーの受講、技能検定の取得の奨励のほか、総額100万円の社長賞、あるいはレクリエーションの社員旅行に力を入れる。特に社員旅行は、月1,000円の社員積み立てに、その十数倍の額を会社側が負担し、旅先で任意のオプションメニューが存分に楽しめる内容で、毎回、参加率が高い。「わくわく、どきどきして、仕事を頑張ってもらいたい」（大田社長）。2023年度には平均約5%の給与ベースアップに踏み切った。

|わ|が|社|を|語|る|

代表取締役社長
大田 龍一郎氏

働きやすい環境で、高槻から世界へ

営業、設計、製造など各部署に常日頃、スピード重視、過去の延長線上に未来はないよと、はっぱをかけています。トライ&エラーで、失敗しながらでも前に経営を進めようとの考えです。「高槻から世界へ」が当社のキャッチフレーズ。世界での競争を意識して、変化に挑戦してもらいたい。私も会社業績が厳しい時期に、海外で懸命に販路をつくり、既存の海外競合品の中に割って入り、売れた時の喜びは忘れられません。

社員がより働きやすくなるように、時間単位での有給休暇、時差出勤も取り入れました。思い切ったベースアップもその一環。いい意味での公私混同、個々が経営者のような気持ちで、成果を喜び、逆の時は知恵を絞ってほしい。

会社 DATA

所在地：大阪府高槻市深沢町1-26-26
創　立：1947年（昭和22）7月2日
代表者：大田 龍一郎
資本金：5,200万円
従業員数：64名（2023年12月現在）
事業内容：各種風水力機械および諸機械の製造販売・修理。産業用機械器具、装置類の製造販売・修理
URL：http://daidopmp.co.jp/

日新技研株式会社

送風機の実力派、顧客ニーズに応えて成長
——産学連携の知見から、光るキノコ、超・微細気泡水にも挑戦

ここに注目！

設計をはじめ総合力で有力案件の実績多数
IT 活用で専門知識を学びやすい環境づくり

日新技研株式会社は産業用の送風機で、大手を含む競合がひしめく中、需要をつかみ成長する。高速で羽根を回転させるノウハウが自慢で、空気輸送装置、集塵機と合わせた本業で、大手に引けを取らない。新規事業として、超微細な気泡の混合水、光るキノコ、排風力発電装置など、ユニークな成長の種も抱え、新たな展開の可能性を秘めている。

社内に一貫体制、年間1,400台以上を納入

同社の送風機はオーダーメードで、中型サイズが中心。「顧客のニーズを丹念に聞いて、ともに考えて作る。そして手抜きは絶対許されない仕事」と山元賢一社長は強調する。公共インフラ分野では清掃工場、上下水道施設、リサイクル工場、エネルギー産業では火力発電所、食品産業では酒造などの醸造やパン工場、印刷ではオフセット輪転機の設備など、納入実績は枚挙にいとまがない。乾燥や脱臭、加工端材の搬送など用途も多様だ。羽根を高速で回す送風機は、万一の不具合があれば大事故にもつながるだけに設計面での検討、製品の仕上げ段階で行う試運転は、毎回、神経を張り詰める。

日新技研の社内に、営業、設計、製造、開発など、一連の部署がある。外国人エンジニアら5人を含む社員のチームワークで、年間約1,400台を超える製品を納める。

送風機の業界は大手メーカーをはじめ国内で百数十社があり、そこで日新技研は中ぐらいの規模で、仕事は大手とも肩を並べる。これまでの仕事では、顧客の開発設備の案件に参画し、国内で数例しかない大型で圧力50キロパスカル超の送風機を納めた実績もある。顧客が求める性能を満たしつつ、モーター動力を低く抑えた省エネ性を作りこんだ。品質、省エネ性、静音性などは定評があり、日新技研にはアジアのプラントメーカーの注文も多く寄せられる。特にこの1、2年で、海外の案件は売上高の5割超までに増えた。

設計の武器が送風機の羽根の形状デザイン。かかる応力分布の解析も行うCAD（コンピュータ援用設計）も、2次元だけでなく3次元も駆使。2000年代に入って、産学連携や開発補助金に積極的に取り組んできた中で、これらのスキルを早くから学んできた。

他社と競合で同じ土俵に乗った際に、初めての顧客から、「どうして日新技研の提案する羽根は大

200kWのターボ翼送風機

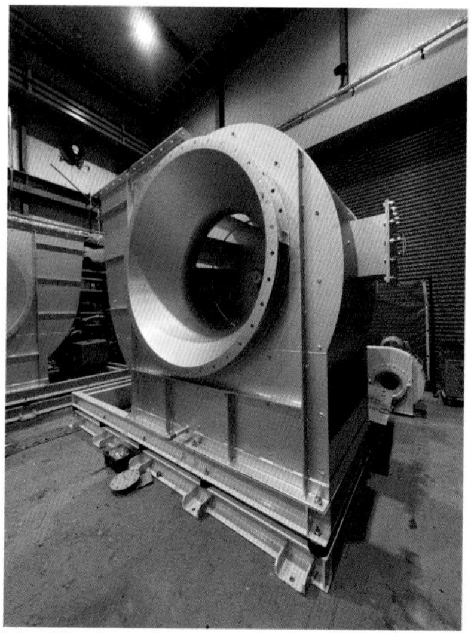

海外顧客向けの大型ターボ翼送風機

きさが他社と違うのか。根拠を示してくれと、問われたこともある」と山元社長。もちろん腹を立てることはなく、ていねいに技術の裏付けを説明。納得が得られて、契約・納入につながったという。設計やモノづくりのスキルは、材料の肉厚を薄くしつつ必要な強度にするにも有用で、製品のコスト競争力にも役立っている。

若手からベテランまで、基本事項を継続して学ぶ

送風機は入門書などが少ない分野で、人材育成は工夫を続けている。2009年から社内勉強会を継続して開催。さらにここ数年は毎週金曜日に外部講師を招いた勉強会も行っている。山元社長は、「2年前から自力で社内共有リンク集の制作に取り組んでいる。溶接やレーザー機の使い方、組み立て工程など、製造現場、営業、設計など、様々な悩みどころを分類し、わかりやすい解説を提供。スマートフォンから同ファイルにアクセスして、社員はだれでも随時閲覧できる。若手社員からベテラン社員まで、基本的な事柄をあらためて身に着けてもらう」労作

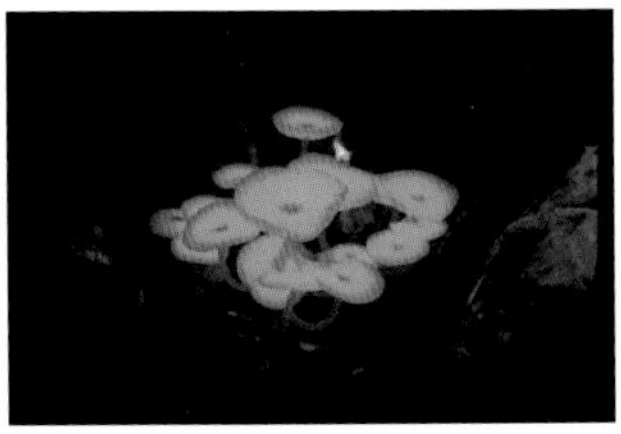

自社で培養したバイオフォトニクス研究用のヤコウタケ

だ。

2021年1月に策定した2025年ビジョンで、売上高10億円を目標に設定。技術・品質のムラを排除した企業価値の引き上げ、IT化による業務変革などに取り組む。複雑な形状や高精度の部品を作りこむ必要から、汎用旋盤による加工、各種検査などで熟練者の手仕事が多いが、溶接工程で特定の部品を対象に2024年からロボットを導入する。新規分野の開拓も力を入れ、大学との連携で進めてきた「光るキノコ」の栽培の展開拡大や、粒径100ナノメートル以下の超・微細気泡が集中生成できる装置の成果物である超・酸素水を使った、生鮮食品の鮮度保持技術は、「国立研究開発法人宇宙航空研究開発機構（JAXA）

近隣への環境に配慮した防音型の新社屋

で、2020年5月こうのとり9号機のミッションに使用されました。」

従来は、宇宙飛行士さんたちへ地上の生鮮食品を届けるプロジェクトでは、薬剤を用いた処理が行われていましたが、当社の「薬剤を用いない超酸素水を用いた結果」を評価いただき、国際宇宙ステーションへの輸送が実現しました。社会実装化に先行して、宇宙での実績を得ました。今後はこの技術を野菜・果実の鮮度保持のニーズなどに売り込みを進める。

|わ|が|社|を|語|る|

代表取締役社長
山元 賢一氏

様々なお客様のご要求に応えて、製品を「創る」

『お客様から必要とされる製品を創れる会社となる』お客様のご要求に応えることで当社があります。今までに、国内・海外のあらゆる産業でお使いいただいている製品は従業員による手創りの機械。案件ごとに異なる風は、色々な業界を支えているという自覚をもって日々の仕事にあたっていただいています。

私たちは風力機械のメーカーなので、広い範囲で仕事を覚えることは簡単ではないと思います。けれど、頑張って3年続ければ、一通り失敗も含め経験し、興味は必ず深まるはずです。私達の教育も手創りなので改善を重ねて、理解しやすいように工夫することに重点を置いています。

従業員への教育のみならず、モノづくりの街で知られる東大阪市内の中学校・高等学校への教育を含めた、地域貢献活動も行っています。

会社 DATA

所在地	大阪府東大阪市稲田新町3-8-43
創業	1968年12月
代表者	山元 賢一
資本金	1,000万円
従業員数	43名
事業内容	オーダーメードによる送風機、集塵・空気輸送装置、環境装置など設計・製造・施工
URL	https://www.osaka-nissin.co.jp

株式会社ニプロン

電源をあまねく提供、時代のニーズに応え社会に貢献
――太陽光発電やEV関連の技術・製品も蓄積して成長

ここに注目!
非価格化やソリューションを打ち出す
高い再エネ率のスマート夢工場が始動

株式会社ニプロンは各種電源装置を主力製品とする中堅メーカー。広範な産業分野、特にデータセンターや医療機器など今後、一段の伸びが期待できるジャンルに多種多様な電源装置を提供している。あわせて太陽光発電やEV（電気自動車）に関わる一連の製品群の品揃えや、「三重スマート夢工場」をモデルにした高い再エネ率工場の推進など、時代の要請に即応した企業戦略・戦術を次々と打ち出し成長発展を遂げている。

ニプロンの原点は1967（昭和42）年に大阪市内で立ち上がった酒井電技商会。日本プロテクターとして法人化し、ドロッパー式直流安定化電源を開発・販売した1970（昭和45）年が創業年となる。以後、パソコン電源、ノンストップ電源、昇圧コンバータなど各種電源装置を相次いで開発・販売。あらゆる産業分野に欠かせない電源装置を広く供給して今日に至る。

三重新工場

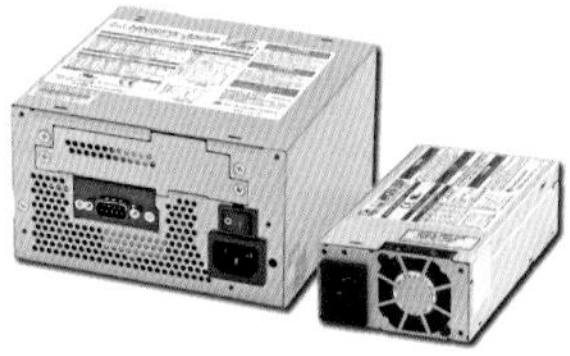
パソコン電源

基板型単出力電源

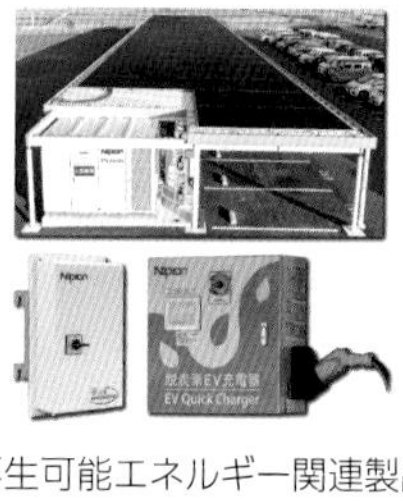

再生可能エネルギー関連製品

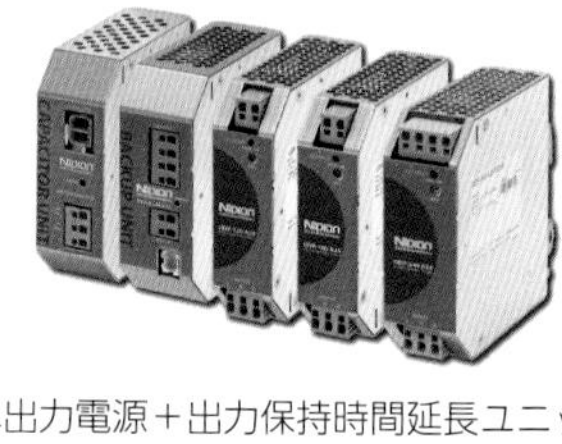

単出力電源＋出力保持時間延長ユニット

コアコンピタンスは直流制御技術

「コアコンピタンスは長年培ってきた直流制御技術」。二見達也社長は、ニプロンの強みをそう説明する。多くの電子・電気機器／設備は交流で送られる電気を直流に変換して用いる仕組みになっている。安定した直流が不可欠であって、その役割を担う電源装置の開発で蓄積してきた技術・ノウハウが売り物というわけである。

電源装置は国内外の多くの企業が製造販売している。それら競合各社との競争に打ち勝つために、同社では“非価格化”をキーワードとする事業展開を有言実行している。二見社長は「価格だけでの競争ではなく、在庫や代替品を用意し長期安定供給を保証することや、充実したアフターサービスを提供するなど、モノ以外を合わせたトータルの価値を高めることが非価格化の肝になる」と説明する。

「モノ以外」としては、いわゆるソリューションビジネスにも力を入れている。電源装置の顧客ニーズは、顧客それぞれによって千差万別で、各ニーズに対応するには、顧客と共同開発する必要に迫られたりする。ニプロンではそうしたきめ細かな、ピンポイントの製品づくりに取り組むことでCS（顧客満足度）を高めてい

本社・阪神東工場

本社社員

本社製造現場

る。顧客の要望や問題解決にジャスト・フィットするソリューションを提供しているわけである。

再生可能エネルギーの市場が大きく育つ

電源装置開発の延長線上で、大きく育っている事業・製品が太陽光発電関連システムだ。太陽光発電は直流の電気をつくりだすので、直流制御を得意とするニプロンと相性がいい。そこで、発電効率を高めたり、昼と夜、晴天と曇天・雨天のバラツキを平準化するような技術・製品を生み出し、実用に供している。実用化に際しては、蓄電池メーカーや太陽光パネルメーカーなどとも協力し、太陽光発電および蓄電の普及を後押ししている。

さらに太陽光発電とEVを連動させる「ソーラーカーポートEV充電ステーション」も世に出した。これは、既存の駐車場スペースなどに設置し、100%太陽光発電でEVを走らせる装置。災害時には非常用電源として使えるので、防災拠点とも位置付けられ、時流に合致したステーションと捉えられよう。

2023（令和5）年夏、三重県多気町の新工場「三重スマート夢工場」が始動した。同工場はエネルギーの多くを太陽光発電でまかなう「グリーン工場」で、太陽光発電関連の自社製品を数多く導入。それら製品群の実証設備としての役割も担っている。

同社では生成AI（人工知能）の広がりに伴い需要が急伸中のデータセンターや、カメラ・画像処理など日本メーカーの得意技術が生きる医療機器、さらにアニメなどを通して世界各国に浸透しているアミューズメント機器を重点分野と捉えて、関連製品の開発・提供に余念がない。

二見社長は、さらなる飛躍発展に向けて「何と言っても一番大切なのは人材。世の中が急激に変わっている今、自ら考えて、行動し提案できる人を育てていきたい」と人づくりの重要性を強調する。

|わ|が|社|を|語|る|

代表取締役社長 COO
二見 達也氏

環境や社会への貢献見据えたインパクト経営を実践

経営資源には人、モノ、金に加え「文化」があると思っています。社員一人ひとりが成長して、自ら考え、行動し、提案するようになる。そうした企業カルチャーが醸成されれば、会社も顧客も自ずから成長発展していくので、良き文化を定着させることが経営者にとっての大きな役目だと考えています。文化のベースとなるのは「感謝と凡事徹底」です。

脱炭素など地球環境問題への対応、配慮が喫緊の課題となっている中で、当社では、社会や環境にとってどれだけ良いことかを重要な尺度とするインパクト経営を心がけています。その観点から、再生エネルギーの利活用、各種リサイクルの推進など、環境に優しいプロジェクトに数多く取り組み、社会への貢献を常に意識しているところです。

会社 DATA

所在地：兵庫県尼崎市大浜町2-57
創業：1970（昭和45）年
設立：1981（昭和56）年7月
代表者：酒井 節雄（代表取締役会長CEO）二見 達也（代表取締役社長COO）
資本金：5億3,066万円
従業員数：441名（2023年7月1日時点）
事業内容：①スイッチング電源・ノンストップ電源とその周辺機器等の開発、製造、販売、アフターサービス②太陽光等の再生可能エネルギーを利用した発電設備とその周辺機器の設計、販売、監視、メンテナンス、コンサルティング
URL：https://www.nipron.co.jp/

阪神動力機械株式会社

下水の微生物処理装置で8割超のシェア、豊かな水環境構築に貢献
――健全財務の脱オーナー型老舗企業、「120年企業」見据えて挑戦の気風を醸成

ここに注目!

歯車減速機の技術を横展開し、多様な領域で新事業・サービス創出
売上高の国内比率は9割。引き合いの多い海外での成長余力残す

阪神動力機械株式会社は、地方公共団体の下水の微生物処理で8割を超えるシェアを誇る水中機械式曝気攪拌装置「アクアレータ®」や、市場の5割のシェアを有する沈殿池汚泥掻寄（かきよせ）機用駆動装置「シックナードライブ」などを製造・販売している。歯車減速機の技術を横展開し、多様な領域で新事業、新サービスを創出しており、豊かな水環境の構築を通じて社会の「安全・安心」に貢献してきた。設立以来70年を超える企業でありながら、創業家の持ち株比率は20%しかなく、オーナー型企業ではない。自己資本比率が約65%と、財務も健全。現在は商社出身の田中渉社長が「挑戦」をスローガンに掲げ、給与水準引き上げ、人材育成・採用、次の柱となる商品開発、海外ビジネス展開など「120年企業」を見据えた経営の再構築を指揮している。

金属の焼き入れ以外の設備を自社保有、迅速に高品質製品を生産

阪神動力機械は旧株式会社特殊歯車製作所の事業を継承して1950年に設立した。このため、水門扉開閉機は「相当数、納めてきた」(田中社長)。60年代には観光名所となっている函館山のロープウェイ駆動用モーターと減速機を受注している。73年には現在の兵庫県丹波市に氷上工場を建設し、水処理設備用機器、自動化省人化機器の開発を加速し始めた。

看板商品の「アクアレータ®」を国内初の省エネ型曝気攪拌装置として開発したのは75年。「水処理コストを大幅に削減できるため爆発的に売れた」（田中社長）という。80年代にはモーター部品である電気ステータのコイルエンドを糸しばりする自動機や、各種包装機を開発、さらに2000年代に入ると世界各国に3,000台を超える納入実績がある「シックナードライブ」を開発している。

従業員数は2023年7月時点で105人。このうち氷上工場には65人を配置し、「歯車の研磨・切削はもちろん、金属の焼き入れ以外の設備をすべて保有し、迅速に高品質の製品を生産する体制を整えている」（田中社長）。営業面では、本社（大阪市此花区）と東京支店（港区芝公園）、札幌出張所（札幌市北区）の計10人で対応しているうえ、商社を経由せず、直販で行っている。持田修次常務は「いろんな減速機がほぼオーダーメードなので、ユーザーから直接要望を聞くことが強みになる。訪問は1ユーザーあたり年3～4回なので、北海道を除けば大阪、東京からの出張で対応したほうが合理的」と説明する。

売上高に占める海外比率は現状で約10%。田中社長は「アクアレータ®の引き合いがインドネシアやマレーシアから数多く寄せられ、中国からも膨大な数に上っている」としながらも、「海外はリスクも多く、まずは国内を固めたい」と海外での潜在成長力を残し

兵庫県丹波市の氷上工場

歯車減速機の技術を横展開し、多様な製品を開発・生産する

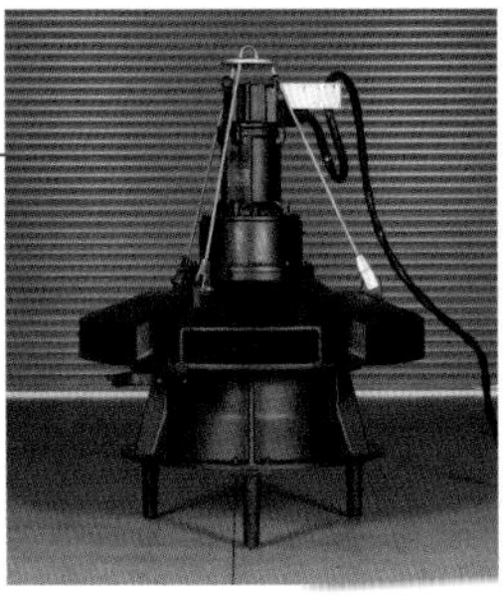

看板商品のアクアレータ®

世界各国に3,000台超を納入したシックナードライブ

6階建ての大阪本社

ている。

24年10月から年間チャレンジ目標設定へ、次代の商品開発も加速

目下の課題は、「20歳の社員は、あと50年間、会社にいる」（田中社長）ことから、「120年企業」を見据えた経営の再構築だ。商品開発面では「アクアレータ®、シックナードライブのモデルチェンジを含め、4つくらい走らせている」（田中社長）。狙いは、次の収益の柱を育てることだ。

従業員教育は、外部の先生に依頼し、3年前から実施している。「どう改良するか、違う工程はないかといった考える習慣を含め、制度、仕組みをつくっている。1年間のチャレンジ目標を設定する方向で、24年10月から導入したい」（田中社長）という。

働き方改革については、すでに育児休業制度を導入しており、男性も取得している。これとは別に、阪神動力機械の従業員の年齢構成は現在、45～50歳が多く、30代社員の育成が急務となっている。このため、全社的に後任の育成と、新しい役職への挑戦を促している。人材採用は「この1年で新卒1人、キャリア採用9人の計10人を採用」（田中社長）しており、引き続き若手社員の採用を積極化する。また、「設計と営業は顔を合わせることが少ないので、東京のメンバーとの交流を企画するなど風通しを良くしたい」（持田常務）という。

23年9月期の売上高見込みは26億5,000万円。現状、アクアレータ®の下水処理場向け需要は国内で一巡しつつあるものの、製紙、化学、食品工場などの民間需要が見込まれることや、海外での潜在力があることから、業績は今後も安定した推移が見込まれる。

|わ|が|社|を|語|る|

代表取締役社長
田中　渉氏

一人一人の挑戦を全力で応援する制度、仕組みを構築

私の座右の銘は「挑戦」です。挑戦するスピリッツを持った人と、一緒に会社をつくりたい。自己成長したいと思う人を仲間に加え、挑戦する人が集まる会社にしたいと思っています。安全の確保と高品質を前提に、自らの殻を破れる制度、仕組みを構築することで、今より120％頑張れる会社にしていきたいと考えています。

海外では下水への垂れ流し問題などもあり、その処理のためにアクアレータ®の引き合いが増えています。現地駐在員を置く方向で検討をしており、若手社員が海外ビジネスでも積極的に手を上げてほしいと願っています。「120年企業」は一人一人の挑戦の結果として達成できるものです。そのために会社は、一人一人の挑戦を全力で応援します。

会社 DATA

所在地：大阪市此花区四貫島2-26-7
設立：1950（昭和25）年11月13日
代表者：田中　渉
資本金：7,260万円
売上高：26億5,000万円（2023年9月期見込み）
従業員数：105名（2023年7月1日現在）
事業内容：産業用大型減速機、河川施設用機器、水処理設備用機器、自動化省人化機器の製造・販売
URL：https://www.hanshin-pm.co.jp/

株式会社ピカコーポレイション

アルミ製はしご、脚立、作業台の国内トップメーカー
――徹底した顧客視点のモノづくりで様々な現場作業の安全と利便に貢献

ここに注目！

プロ仕様と完全オーダーメイドを軸にしたニッチトップ戦略
年間30アイテムの製品開発力とBtoC & Eコマースの次世代戦略

一般家庭のほか建築現場や工場現場など、様々な高所作業で幅広く使われるはしごや脚立。高所作業をするためのある意味ありふれた道具で、最先端の技術を競う世界とは無縁のように思える。官公庁の営業品目分類では「雑工具」に区分される商品だ。そんなはしご・脚立に変化と革新を加え続け、業界ナンバーワンのシェアを獲得したのが、株式会社ピカコーポレイションである。

恵まれたポートフォリオ

創業時は電材の販売店。ほどなくアルミ製脚立メーカーの代理店となった同社は、ダイレクトメールで販売量を伸ばすかたわらで脚立の修理を営み、やがてメーカーへ転身したのち、積極的な新製品開発に基づく豊富なバリエーションで発展を遂げてきた。三代目となる坂口泰生社長は、「当社が扱うのは〝雑工具〟。明らかに主役ではないけれど、作業や点検になくてはならないところに、恵まれたポートフォリオが存在する」と言い切る。

とはいえ、最盛期には10社以上のメーカーがひしめいた業界だ。ニッチ市場で生き残るのは容易ではない。同社が定めたベクトルはBtoBを軸にしたプロ仕様。ホームセンターで流通する家庭向け商品も扱うが、企業や事業所向けの高付加価値商品をメインにしてきた。各種工場や物流、ターミナル、イベント施設に発電所。さらには鉄道、造船、航空機から宇宙開発関連に至るまで、幅広い現場の声を聞き、顧客ニーズに合わせた製品を次々に具現化しているところに、ピカコーポレイションの強みがある。

例えば、ワンタッチの上部操作で脚部を伸縮できる特許機構の脚立「スタッピー」。かがまずに立ったままの操作で楽に脚部を伸縮できるほか、1脚ごとに伸縮できるため、階段などで威力を発揮する脚立として大当たりした。現場に即した作業台や足場など、他社が敬遠しがちな特注品を積極的に手掛ける姿勢も大きい。坂口社長は、「無理難題のなかに潜む市場性を察知して、そこを具現化していくところに新製品開発の素地がある」と言う。ノウハウと工夫を凝らし、設計から製作まで完全オーダーメイドを貫く特注品をベースに、標準品にしていく力の存在が、年間30アイテムに及ぶ同社新製品開発の隠れた原動力になっている。

一方で、同社の新製品開発や改革マインドを象徴するのが、長年続く「アイデアシャワー制度」。もともとは工場の現場改善活動を全社に広げたもので、社歴にかかわらず社員全員に年間10件のアイデア出しを求めている。新たな商品提案であったり、業務改善提

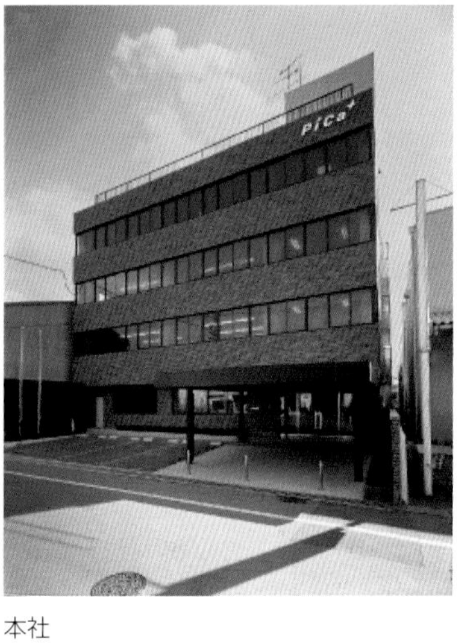

本社

AR
再生

はしご・脚立・作業台

AR
再生

昇降作業台

航空機のメンテナンス用作業台

ペット用品

左記のQRコードを読み込んで「COCOAR」アプリ（無料アプリ）をインストールした後、アプリを起動し、画像にかざしてスキャンすると関連動画がご覧いただけます。
●有効期限：2023年12月22日より2年間

設計現場

生産現場（脚立組立）

生産現場（アルミ溶接）

案であったり、特に若い社員のモチベーションアップに役立っている。

社員に対するプライオリティを上げる

現在、標準品の多くを中国拠点、高付加価値品はおもに日本国内で製造し、アイテム数では中国の比率が6割を占めるが、売上比率では日本が6割。社員285人のうち設計部門に40人もの社員を配置し、特注品のほか、標準品管理、新素材、油圧昇降、中長期開発など、役割ごとにチームを編成し、最近はインド人設計者の採用にも乗り出した。全社の平均年齢43歳という若さと相まって、職場には活気がみなぎるが、「採用活動を積極化して社内の多様性を高める。そのためにも社員に対するプライオリティを上げていく」（坂口社長）方針だ。すでに、2022年に一律1万円、2023年は5%のベースアップを実施したほか、営業利益の1/3を決算賞与として社員に還元し、平均的な中小企業の賃金水準をかなり上回る金額を確保。さらに新卒社員には勤務地により家賃補助や通勤用車両の貸与など、社会に出てお金に困る事態にならないよう配慮するとともに、通信教育などの自己啓発サポート制度や福利厚生の充実にも注力している。

新製品や特注品で成長を続ける既存事業に加え、7年前には犬用の靴や服をはじめとするペット用品のブランドを立ち上げ、順調に新事業を伸ばし始めたピカコーポレイション。「今後の成長はBtoCとEコマースがカギになる」（坂口社長）。〝雑工具〟に商機を見出せる経営感覚の持ち主に、将来に向けた死角はなさそうだ。

|わ|が|社|を|語|る|

代表取締役社長
坂口 泰生氏

人々の創造とひらめきで明るい未来をつくる会社

当社はアルミ製のはしごや脚立、オーダーメイドの作業台などを製造販売し、鉄道、宇宙、航空機、食品、薬品、ロジスティクスなど幅広い業界にソリューションを提供しています。目立つ製品ではありませんが、お客様が安全に快適に便利に使えるよう、改善と改革に力を注ぎ、様々な業界で信頼されるブランドとなりました。将来に向けて、アルミ以外の素材や油圧技術に挑戦しているほか、ペット用品の新規事業を立ち上げました。社名のPiCaは人々の創造とひらめきを表します。当社には、どんなに世の中が変わっても、モノづくりの中心は人であるという普遍的な考えがあります。当社には、とんがった人でも受け入れる土壌があります。PiCaは、多様な社員とともに多様なアイデアを出し合い、明るい未来に挑戦していける会社です。

会社 DATA

所 在 地：大阪府東大阪市長田中4-4-10
創　　業：1957（昭和32）年3月
創　　立：1961（昭和36）年7月
代 表 者：坂口 守正（会長）、坂口 泰生（社長）
資 本 金：9,500万円
従業員数：285名（2023年11月現在）
事業内容：・はしご、脚立、作業台等のアルミニウム合金製品製造・販売
・はしご、脚立等のFRP製品製造・販売
・昇降作業台、鋼製品及び鋼管、オーダーメイド製品製造・販売
・ペット共生製品製造・販売
U R L：https://www.pica-corp.jp

福田金属箔粉工業株式会社

金属粉・金属箔の専門技術をベースに新素材・新用途を開発
——東京支店は再生可能電力100％運用、京都工場を順次建て替えへ

ここに注目！

創業 320 年超。金属粉 1,000 品種以上をそろえ 2022 年売り上げ 506 億円
粉末冶金材料で金属ロス削減、リサイクル金属利用で金属資源循環に貢献

福田金属箔粉工業株式会社は金属粉・金属箔の専門技術をベースに、印刷用顔料などの装飾用途から、高速伝送性・耐屈曲性を兼ね備えた金属箔、ナノ（10億分の1メートル）粒子、3D（3次元）プリンタ用の金属粉などの先端素材まで、時代の要請に応える様々な素材・用途を開発し、幅広い産業分野に提供している。歴史は古く、1700年（元禄13年）に福田鞭石（べんせき）が京都の松原通室町で、金銀の箔や粉を扱う「井筒屋」を創業。2代当主の福田練石（れんせき）が、堅実経営と企業の社会性重視を柱とする家憲「家の苗」を記し、以来この理念を継承している。ニーズから発想し、シーズから創造するメタルスタイリストFUKUDAとして「箔」と「粉」の可能性を探求し続けている。

箔と粉の融合による事業拡大を模索し、研究開発を進める

福田金属箔粉工業の売上高は506億4,700万円（2022年12月期）で、金属粉・金属箔業界において福田金属に相談すれば何とかしてくれる、デパートのような存在、となることを目指している。売上高の内訳は金属粉が75.9%、電解箔が22.4%、アルミ箔・その他が1.7%。このうちアトマイズ法、電解法、化学還元法、粉砕法を中心に多様な製造方法を有し、1,000種類以上を提供している。滋賀工場（東近江市）には大小様々な溶解炉があり、世界トップレベルの生産量を誇る。

園田修三社長は「多様な製造技術を持っていることで、顧客に最適な提案ができる。それが強み」と総合力を強調する。同社が製造する金属粉の主要な用途の一つに、粉末冶金がある。「当社が提供する金属粉を、顧客はプレス成型の後、加熱・焼結させる。粉末冶金は、鋳造（鋳物）や切削加工（削り出し）といった方法よりも材料ロスが少なく、複雑形状の金属部品でも大量に生産できる」（園田社長）として、機械部品分野に広く普及しており、技術の進歩に伴い品質への要求が多様化する中、同社は幅広い製法・ラインナップでそれに応えている。近年は環境負荷の低減も重要な課題だが、プリント配線板に使われる同社の電解銅箔の原材料は、100%がリサイクル品であるなど、金属資源の循環利用にも貢献している。

同社は、ひたすら金属粉、金属箔に特化して事業を行ってきた。

金属粉・金属箔の新たな可能性を求めて研究開発をすすめる

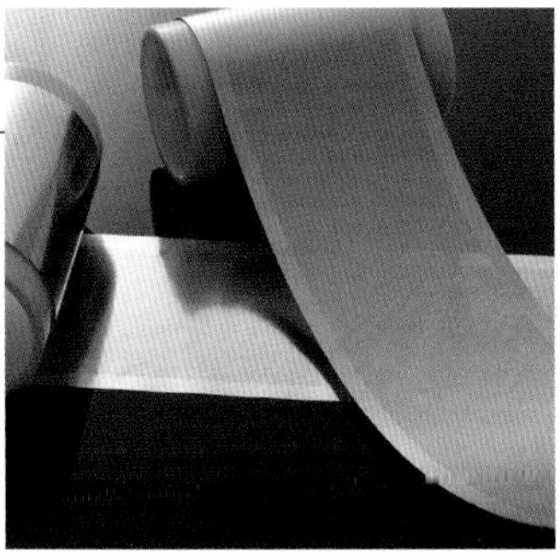
電子部品、包装材料、建築材料に使われている金属箔

銅粉（金属3Dプリンタ用）

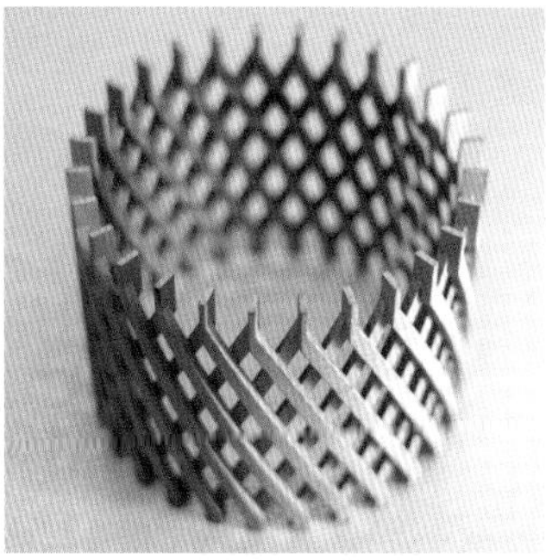
銅粉を用いた3Dプリンタ造形例

園田社長は「お客様の分野には手を出さず、製造・販売・技術一体でお客様の困りごとの相談に応じることを通じて、事業を成長させてきた」と振り返る。

現在は「箔と粉の融合による事業拡大を模索し、研究開発を進めている」（同）。金属粉・金属箔事業は、両者の融合により一層進化を続ける。

働きやすさを追求し 実働7時間15分、育休は男性にも取得を推進

福田金属箔粉工業は現在、1908年（明治41年）の開設以降、事業の発展に伴って拡張させてきた京都工場の順次建て替えを計画している。京都工場は2007年にコージェネレーションシステム（熱電併給）を更新しており、今では更新前に比べ燃料使用量を21％削減、CO_2排出量を年3,600トン削減したほか、排水の65％をリサイクル、生産工程から生じる各種集荷物のリユース・リサイクルを実現している。建屋更新に関して、すでに東京支店（東京都中央区日本橋）はビル所有者のうちの1社として2021年12月に建て替えを完了、12階に入居して「再生可能電力100％で運用している」（園田社長）。滋賀工場や中国の子会社（江蘇省蘇州市）を含め、未来を見据えて拠点整備を進めている。

歴史ある同社だが、実働時間が7時間15分（拘束時間8時間15分）、有休消化率50％以上、平均残業時間が月20時間以内と、働きやすい会社だ。園田社長も「働きやすくするための改革を行っている」。

今後について園田社長は「違った金属、材料が出てくれば科学や技術は飛躍的に進歩する。周辺技術とともに変わるし、分析技術による革新もある。これからも伸びる余地はある」と見通している。

|わ|が|社|を|語|る|

代表取締役社長
園田 修三氏

目指すのは強い会社。失敗を恐れずチャレンジ

人は宝です。人を大事にして業績を伸ばします。福田金属箔粉工業は、そうやって323年続いてきました。社是は「われわれはつねに創意工夫をこらして仕事の改善をはかりわれわれの生活の向上とよりよい社会の建設につとめよう」です。諸先輩が、この社是を実行してきました。「失敗を恐れず、チャレンジしよう」と呼びかけています。

目指しているのは大きな会社ではなく、強い会社です。小さくても「ここにFUKUDAあり」と言われるように、身のほどをわきまえ、地道にやっていきたいと思っています。これからも金属粉と金属箔を極め、幅広い産業分野に高機能材料を提供し、社会に貢献できるよう努めてまいります。

会社 DATA

所在地：京都市山科区西野山中臣町20番地
創業：1700（元禄13）年
設立：1935（昭和10）年1月10日
代表者：福田　健
園田 修三
資本金：7億円
売上高：506億4,700万円（2022年12月期）
従業員数：659名（2022年12月末現在）
事業内容：各種金属箔・金属粉の製造・加工、販売
URL：https://www.fukuda-kyoto.co.jp/

株式会社不二鉄工所

フィルム・シート巻取機&スリッターマシンでアジアを席巻
――国内大手化学メーカーすべてと取引する圧倒的な製品開発力で飛躍

ここに注目!

アジアで断トツのトップシェアと驚きの高収益、高待遇
設計開発から製造メンテまでを一人が担当する独自のモノづくり

驚きの会社である。フィルム・シートを「巻き取る」、「裁断する」、「包装する」機械で、ほぼすべての国内大手化学メーカーと取引する株式会社不二鉄工所。ニッチな市場ながら、国内、アジアで断トツのトップシェアを確保し、いまなお中国、アジアの経済成長に伴う旺盛なフィルム・シート需要に追われ、経常利益率10%超の高い収益基盤を持つ。

1954(昭和29)年、繊維機械の製造販売会社としてスタート。程なくしてフィルム・シートの巻取り機の市場に参入し、素材メーカーの要望に応じた専用の巻取り機・裁断機(スリッター)を設計開発することで、着実に成長を遂げてきた。松本拓人社長は、「食品、飲料などの日常品の包装や、紙おむつなどの衛生品のほか、自動車のフロントガラスや液晶ディスプレにもフィルムは使われる。フィルムやシートはなくならない」と強調し、同時に巻取り機やスリッターを求める動きは、世界的に拡大していくと見る。

リチウムイオン電池向けの需要が急増

なかでも注目されるのが、自動車の電動化に伴う最近のリチウムイオン電池用のフィルム需要。中国を中心とする現地化学メーカーからの注文が殺到し、2022年9月期の売上高は過去最高の90億円程度になる見込みだ。松本社長は「一時的なブーム」と慎重姿勢を崩さないが、来年度も大幅な売上伸長を予想しており、年商50億円規模の同社が新たな成長ステージに突入したことは間違いない。

そんな同社の最大の強みは、顧客の細やかな要望に応えられる技術力。「『新しいシートができたらから、これに対応する巻取り機が欲しい』といった開発ネタをお客様から頂戴し、それ克服することで技術を磨いてきた」(松本社長)と言う。秘匿性の高い顧客の新製品を扱うため、リピート受注が多いことも追い風だ。すでに保有特許は220件以上を数えるが、何と同社には「開発部」や「設計部」をはじめとする専門部署がない。開発から設計とメンテに至る

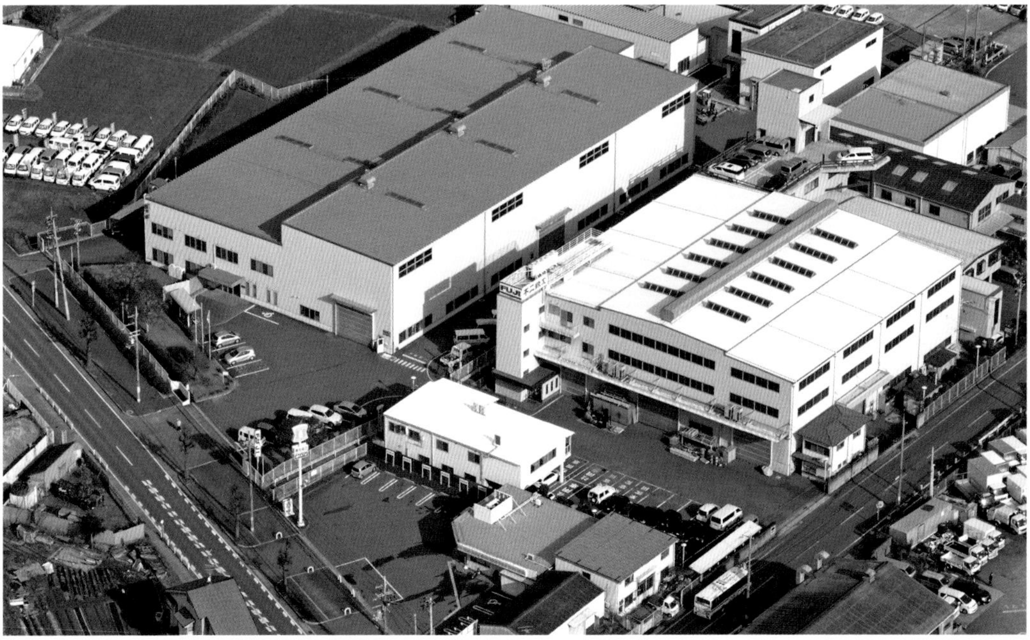

本社および交野事業所、交野第二事業所

巻取機

大型スリッター

まで、一人の技術部員が最初から最後まで面倒を見る。モノづくりの常識からすれば、効率が悪いのは明らかだが、松本社長は「技術者の育成に主眼を置いている。すべての業務をこなすことで技術の幅が広がる。顧客と直接向き合うことで最新の技術や情報を吸収することもできる」と解説する。

これを裏付けているのが、事務系を除いた技術系社員の5割が一級技能士の資格保有者であることだ。もともと同社は技術第一の社風があり、資格取得を奨励してきたが、社員一人ひとりの成長が会社の力の源泉であることを知っている。ここ数年は安定して機械・電気設計の新卒者を採用し、社員全体の3分の1が大卒出身の技術職であることも頷ける。大手メーカーの細分化された技術職を嫌って、同社に入社してくるケースがあるという。

資格手当の大幅増と分厚い子供手当の新設

2018年、経営理念の上位概念となる企業理念を掲げた。「何のための会社か。それは社員とその家族が、モノと心の両面で豊かになることにほかならない」（松本社長）。2021年、言行一致の行動に出た。大半の社員が保有する一級技能士の毎月の資格手当を5,000円から一挙に3万円に引き上げた。さらに従来の家族手当に加えて子供手当を新設、1人目1万円、2人目1.5万円、3人目2万円とした。3人子供を持つ世帯なら合計月額4.5万円。まだ事例のない4人目が生まれた場合は、「応相談」だそうだ。

圧倒的な市場ポジションに、独自のモノづくりが生み出す高収益と分厚い社員還元。驚きに満ちた不二鉄工所が、今後目指すところは、「名実ともにアジアNo1になる」こと。ブランドを高め、実力に一段の磨きを掛ける取り組みを欠かさない。2022年9月には、社名に代わる新たなブランドを設定し、次世代につながる不二鉄工所を確立していく。

|わ|が|社|を|語|る|

代表取締役社長
松本 拓人氏

世界のFUJIブランドづくりに挑戦

当社は、創業以来、ラップやフィルムなどの巻取機やスリッターを軸に、機械のスペシャリストとしてお客様のモノづくりに貢献し、アジアでは他社を圧倒するトップシェアを確立してきました。現在は、「名実ともにアジアNo.1の巻取機、スリッターメーカーの地位を確立する」というビジョンと、「完全製品完全出荷」のスローガンのもと、社員とその家族が物心両面で豊かになることを目指し、より良い製品づくりと会社づくりに取り組んでいます。モノを包む、衛生を保持するためにも、フィルム・シートの重要性が世界的にますます高まっていくのは確実です。そんなフィルム状製品づくりに不可欠な産業機械を手掛ける当社の役割も大きいものがあります。これから始まる世界のFUJIブランドづくりに挑戦していきます。

会社 DATA

所在地	大阪府交野市星田北5丁目51番5号
創業	1954（昭和29）年
代表者	松本 拓人
資本金	1億円
従業員数	144名（2023年9月）
事業内容	高機能・光学用フィルム巻き取り機、スリッター、包装機の設計・開発・製造
URL	https://www.fujitekko.co.jp

株式会社富士電熱開発社

「情熱」を燃やし「電熱」を創り続ける産業用ヒーターの専門家集団
——高品質製品ときめ細かいフォローで顧客を離さない

ここに注目！

顧客に困ったことがあれば、あらゆる事態に対応するアフタフォロー力
「超小型」から「超大型」まで、他社にできないヒーターづくりで差別化

160万年前に原人が火を利用し始めて以来、人類にとって「熱」は、なくてはならないエネルギーだ。今も生活や産業で「熱」は依然として重要な役割を果たしている。富士電熱開発社は、ものづくり現場の必需品である電熱ヒーターで産業界に貢献する成長企業だ。同社の電熱ヒーターは、カメラのレンズやパソコン、家庭用ゲーム機、自動車、バッテリー、プラモデル、文房具、家庭用品、食料品など、ありとあらゆる分野で利用され、社会に貢献している。

同社の創業は1981（昭和56）年。長寿命で安定した性能を発揮する高い品質と、何かトラブルが生じた際に迅速に対応するきめ細かいフォローで顧客を増やしてきた。自社製品でなくても、顧客に困ったことがあれば対応を考える。同社の山口宣弘社長は「他社製品の相談であっても、わが社には勉強になり知識も広がる」と話す。こうした真摯な経営姿勢が評価され、創業から取引が続いている固定客も多い。

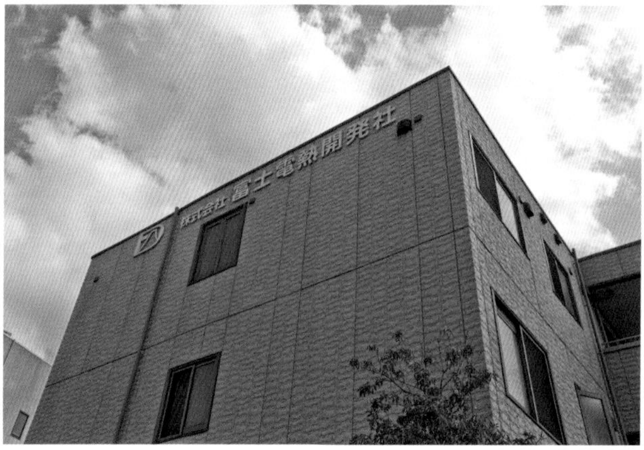

本社工場

フランジヒーター

大手企業を唸らせた高ワットボルトヒーター

同社が取り扱う製品はカートリッジヒーターやシーズヒーター、アルミ鋳込みヒーター、熱電対など幅広い。品質やきめ細かいフォローに加えて、ユーザーが実際に使う環境で最大限の能力を発揮できる製品を設計、提案している。熱を加えて包装材を圧着する梱包機のシーラーで温度ムラが生じて包装不良が発生していた顧客には、温度ムラを解消するためにヒーター出力を調節して熱が均一になるよう提案した。

1,000℃を超える高ワットボルトヒーターも、顧客の困り事に寄り添って開発した製品だ。ヒーターでボルトを温めて締め込んでおき、ボルトが冷めることで収縮してボルトの締付力を増大させる。電気ヒーターは500℃前後が売れ筋であり、他社がなかなか手を出さない製品だった。富士電熱開発は納入先と共同研究に取り組み、従来は3～4時間もかかっていたボルトの締め込み作業を、わずか20～30分に短縮。顧客からは「作業時間の短縮で日帰り出張が可能になり、コスト削減につながった」と喜ばれたという。

2006年に先代社長が急逝し、息子で工場長だった山口社長にバ

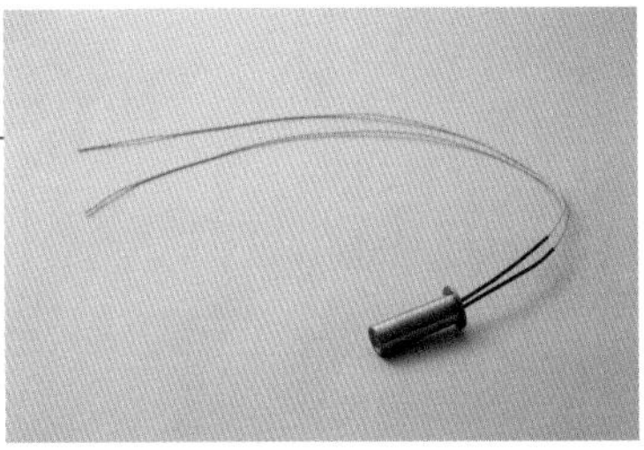

カートリッジヒーター
低温より高温、どの範囲においても安定出力を行う

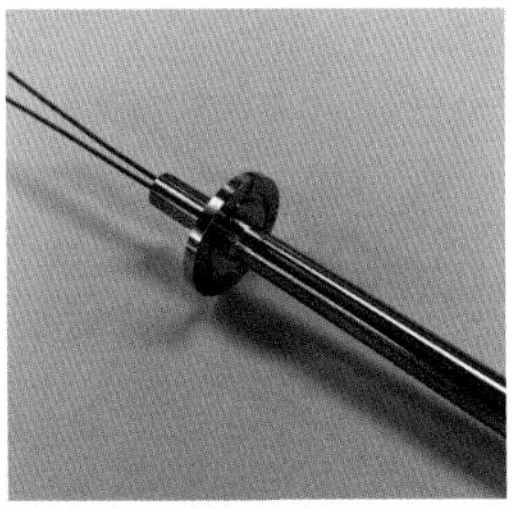

真空用カートリッジヒーター

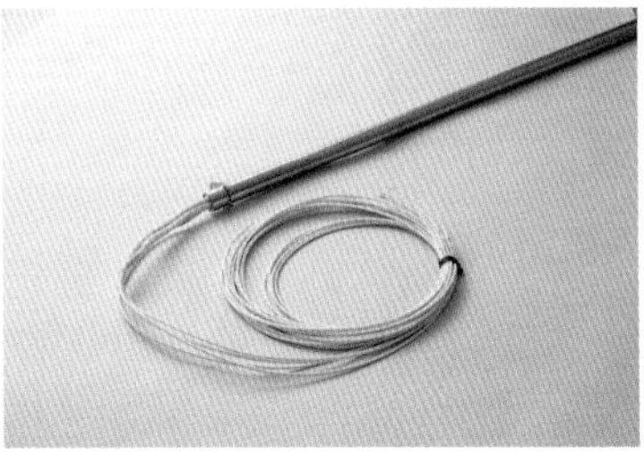

複数回路式ヒーター
1本のカートリッジヒーター内部を3回路に分け、それぞれを独立制御できる

トンタッチ。ほどなくして現場の職人たちの世代交代もあり、従来は手作りだった部品を自動化機械での加工に切り替える。新入社員でも安定した品質の部品を製造できるようになった。「特殊な製品づくりをしているので、市販の教材はない。私自身も現場に入り、一緒に仕事をしながら新人たちに技術を教えている」（山口社長）。

長いお付き合いの顧客が多い「強み」を生かす

今後の成長戦略については、「今までやってきたことを、これからも続けていく」（同）と自然体だ。現在の顧客の多くは既存客の口コミや紹介で獲得した。顧客の新規開拓は「商談が価格に偏りがちで、取引が長続きしない。口コミや紹介でご縁ができた顧客は、わが社の製品やアフタサービスをご理解いただいた上で課題を共有できるため、長いお付き合いになる」（同）のだという。中国工場では現地顧客の紹介がきっかけとなり、トヨタ自動車との取引も始まった。

こうした取り組みで5年後に売上高を現在の4億円から1.5倍の6億円へ、営業利益も2倍へ引き上げる計画だ。しかし、決して先行きを楽観視しているわけではない。山口社長は「今後、電気ヒーター市場は縮小する」と気を引き締める。それでも同社は電気ヒーターとは全くの畑違いとなる新規事業には手を出さないという。

低価格で制御しやすく小型化が可能な電気ヒーターは、医療や環境分析など新たな用途も広がっている。同社は他社にない大容量の超大型ヒーターと極小ヒーターの「両面作戦」で、高付加価値化を目指す。そのための研究開発や設備投資を積極的に進めており、生産できる製品の幅も広がっている。「みんなが喜ぶヒーターを『創る』」をモットーに、あらゆる生産ラインで活躍する電熱ヒーターを顧客ニーズに合わせて開発・製造する方針だ。これからも富士電熱開発社の挑戦が続く。

|わ|が|社|を|語|る|

代表取締役社長
山口 宣弘氏

長く働いてもらえる職場環境に注力

今後わが社が成長を続けるには、従業員が最も重要だと考えています。他社にない専門的な仕事をしているだけに、一から自社の仕事を覚えてもらわなくてはなりません。人材育成には時間がかかるため、長く働いてもらえる職場環境の整備にも力を入れています。一方、社内コミュニケーションの円滑化では、年2回の社内パーティーを実施しているほか、コロナ禍で中断していた2年に1回の海外社員旅行の復活も検討しています。いずれも経費は全額会社負担です。こうした取り組みもあって平均勤続年数は長く、30年以上働き続けている社員も多くいます。電気ヒーターは、やればやるほど面白い製品です。未経験の仕事でもコツコツ頑張って努力できる、根気強い人材を求めています。

会社 DATA

所 在 地：大阪市鶴見区今津南2-7-36
設　　立：1981（昭和56）年5月1日
代 表 者：山口 宣弘
資 本 金：1,000万円
従業員数：37名
事業内容：カートリッジヒーター、シーズヒーター、アルミ鋳込みヒーター、セラミックヒーター、バンドヒーター、ノズルヒーター、熱電対、測温抵抗対、温度調節制御盤、電熱応用機器等の設計製作
U　R　L：http://www.fujidennetsu.co.jp/

◢プライムプラネットエナジー&ソリューションズ株式会社

トヨタとパナソニックが共同出資する車載用バッテリーの会社
――先進バッテリーの力でかけがえのない地球に豊かな未来をもたらす

ここに注目!

SDGsや脱炭素という世界的な流れの中で急拡大する車載用電池市場
生産ラインのスピーディな立上げを実現する「人の力」と「DX技術」

プライムプラネットエナジー&ソリューションズ株式会社は、2020年にトヨタ自動車株式会社とパナソニック株式会社が共同出資して設立された車載用電池メーカー。トヨタが51%、パナソニックが49%をそれぞれ出資し、自動車をはじめとする車載用の角形リチウムイオン二次電池を開発・製造・販売する。両社出身の電池のプロが大勢活躍するとともに、新たに入社した各分野のエキスパートメンバーたちが一緒になってNo.1電池を目指して日々挑戦している。

同社には世界の幅広いカーメーカーの電動化に貢献し、地球環境問題の解決に寄与したいという想いがある。そして何よりも、自分たちの手で豊かでクリーンな社会に向けて時代を切り拓いていく、その仕事にはきっと想像もできない喜びや感動が待っているのだろう。

「我々がつくっているのは電池だが、電動車を作り上げることそのものだ」(蜂須賀一郎チーフテクノロジーオフィサー)という意識だ。20年以上の実績を誇るパナソニックの車載電池と、トヨタの電動車の歴史。電池をつくってきた会社と、電池を内製していた車の会社ががっちりと組んで事業を展開する例は少ないだけに、両社の関連部署が手を組んで安全、品質、性能を追求していることは他にはない大きな強みといえる。

新規生産ラインの立上げ

世界各国の環境規制やカーボンニュートラル宣言を背景に電動車市場は2030年には約5倍、電池としては数十倍規模への拡大が見込まれる。電動車の心臓部ともいえる安心・安全・高品質・高性能な電池をタイムリーかつ安定的に供給することがより一層求められている。

電池の生産は高速かつ多くの加工を経て行われるため、新たなラインの計画時には実際にモノが作れるかの成立性の確認作業が非常に困難だ。そこでDX技術を駆使して新規ラインをデジタル上に再現し、生産性シミュレーションやVRでの作業性確認など、実機を造る前に検討しきることで、短期立上げの実現に挑んでいる。

この技術は新規ラインの立上げだけでなく、既設生産ラインのレベルアップや作業者訓練にも活かされている。最新のAR技術では、作業指示を現実空間に投影し、不慣れな人でも確実に作業内容を確認しながら作業することが可能だ。

これからも『かけが

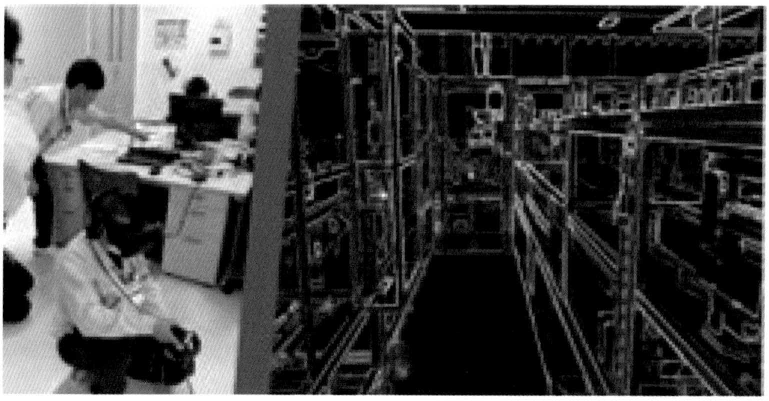

VRによる新規設備・ラインの設計確認

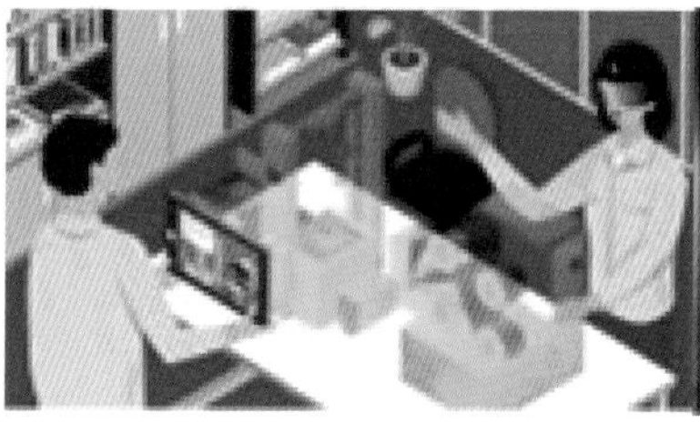

ARによる操作トレーニング

VRによる作業性、保全性の事前確認

働きやすい環境作り（工場内は安全・快適な環境）

地域貢献活動（理系女子学生向けのイベント）

新入社員研修

えのない地球に豊かな未来を。』を合言葉に最新の技術で電動車市場を支える。同社では持続可能な社会の実現のため、環境へ配慮したモノづくりも進めているという。

人材育成が
モノづくりの基盤

事業の急成長が見込まれるだけに採用拡大は急務。だが、人を中心とした経営についてはトヨタやパナソニックの精神を受け継ぐ。「モノづくりは人づくり。モノを作る前に人をつくる。人が育ってこそ技能・技術は磨かれるもの」と蜂須賀氏は強調する。新入社員には、集合研修で社会人の基礎と会社の価値観や仕事の流れを教え込む。他にも、トヨタ生産方式や問題解決手法について学ぶ機会や実際に電池をつくるカリキュラムも用意する。その後は製造現場で交替制勤務も体験するという。職場では若手がものを言える風土を大切にする。トップ自ら現場に赴いてコミュニケーションを図るなど、ワイワイ、ガヤガヤ言い合える環境を整え、コミュニケーションのとりやすい組織にしているのも特徴だ。技術系でもケミカル分野にとどまらず、機械構造、電気・電子制御システム、生産プロセス等、幅広い技術分野の人が活躍している。電池の様々な可能性の実現を通じて社会に貢献するには、幅広い視野や知識を持つ人材が必要だ。先進バッテリーの力で、かけがえのない地球、クリーンで豊かな社会を実現させていくという思いを込めた社名。これを担う人材の確保と育成は今後の成長のカギとなるだろう。社内だけではなく、地元小学校での出前授業や理系女子学生向けの電池授業、工場見学会等を積極的に行い、将来を担う人材に地球環境や企業の取り組みを知ってもらう活動を行っている。こういった活動こそが地域への恩返しにもなるという考えだ。

|わ|が|社|を|語|る|

代表取締役社長
好田 博昭氏

組織を超えたコミュニケーション文化の醸成

当社はトヨタ自動車とパナソニックという長い歴史を持つ事業母体がある一方で、新しい会社ならではの新しい企業文化を創造する醍醐味があります。働きやすい職場環境にしていくためには上司から部下へ一方通行のやりとりではなく、「双方の対話やメンバーからの提言・改善提案、職場を越えたコミュニケーションをとっていくこと」が重要だと考えます。

そこで、従業員の皆さんの課題認識、悩みや改善提案を私に直接話してもらうダイレクトコミュニケーションの場を2020年より継続実施しています（2022年度は39回実施）。メンバー同士の気づきも含め、会社を良くする原動力にしていきたいと考えています。

会社 DATA

所在地	東京本社　東京都中央区日本橋室町2-1-1　日本橋三井タワー13階 関西本社　兵庫県加西市鎮岩町194-4 国内各所（神戸、姫路ほか）、中国に拠点
操業開始	2020（令和2）年4月
代表者	好田 博昭
従業員数	約8,400名（海外子会社含む、2023年4月現在）
事業内容	車載用高容量／高出力角形電池の開発・製造・販売、車載用次世代電池の開発・製造・販売
URL	https://www.p2enesol.com/

◢ボルカノ株式会社

燃焼技術のエキスパートとして95年

——船舶・陸上産業向けの燃焼機器で高シェア

ここに注目！

「舶用」と「陸用」をバランス良く展開
アンモニア燃料船など次世代船舶にも対応する基礎技術開発

1928（昭3）年の創業以来、燃焼をコア技術に一貫して「バーナ」にこだわり続けてきた。95年もの間、まったくぶれることなく燃焼技術に磨きをかけてきた。船用ボイラ用バーナや舶用焼却炉、陸上産業用ボイラ用バーナからなる燃焼機事業部と、都市ゴミや下水汚泥焼却炉用バーナ、バイオマス発電用起動バーナや化学工場廃液／廃ガス焼却装置などを扱う化工機事業部（陸上）の2事業部を展開している。当初は舶用機器のウエイトが高かったが、今では舶用と陸上の比率が50%ずつと、バランスの取れた構成になっている。バーナ単体だけでなく、環境装置・プラント建設まで一貫して手掛けることで規模拡大してきた。

フルスケール燃焼テスト設備

舶用　ガス/オイル同時混焼DFバーナ

熱風発生炉

舶用GCU　ガス燃焼ユニット

海外技術導入で飛躍

創業者は国産初の低圧空気噴霧式オイルバーナを開発した〝パイオニア〟。石炭などの固形燃料から重油などの液体燃料に置き換わることを見越した上でのことだった。そして第二次世界大戦後、国は「計画造船」を掲げ必要な商船の確保を進めていた。同社のバーナはこれらの新造船に採用され、戦後の事業の基礎を築いた。今も船舶用機器は同社の主力事業のひとつである。飛躍のきっかけは海外技術の導入。1962年に英国ABC社と技術提携し、SFD（Suspended Flame Dual burner）型燃焼装置の国内生産を開始した。この装置は当時の最先端をいくもので、高シェアを獲得した。陸上部門である化工機事業部でも64年に英国アークハート社とダブルトロイダル型燃焼器、同ノルダック社と液中燃焼装置について技術提携した。これにより環境プラント装置分野に進出した。「60年代に今の会社の基礎ができた」（沖原正章社長）という。特に液中燃焼の技術によって化学工場から排出される無機塩含有廃液処理が可能になり、70年代にかけて公害が社会問題化する中で、大き

Volcano

廃液焼却装置

創立90周年記念旅行

く売り上げを伸ばした。燃焼機事業と化工機事業、船と陸の両部門を持つ強みで「結果的に不況の波をうまく吸収し、ここ30年はほとんど赤字を出したことがない」（沖原社長）と分析する。

造船業界の将来予測は難しいが、船舶のリプレースが始まるのは間違いない。また化石燃料から新しい燃料に切り替わることは疑いの余地がない。化石燃料に代わるものとしてはアンモニアや水素、バイオ燃料など様々な候補があり、「それらを見極めるにはトライアンドエラーを繰り返すことになる」（同）と見ている。ボルカノでは、燃えにくいアンモニア、燃えやすい水素と、正反対の特性を持つガスの燃焼処理技術の開発を完了している。環境負荷の低い次世代燃料を安全に扱うには、タンク内ガスによるタンク圧上昇の調整や、毒性のあるアンモニア燃料等の無害化などの技術が必要になる。発売中のLNG（液化天然ガス）用のガス燃焼ユニット（GCU：Gas Combustion Unit）の技術を活用し、大阪大学と共同でアンモニアガスを燃焼処理する基礎技術を開発した。さらに陸上産業向けで実績を持つ水素燃焼技術を応用し、水素についてもGCUを用いて安全に燃焼処理する基礎技術の単独開発に成功した。アンモニア燃料船や、水素燃料船など次世代船舶の開発が進んでおり、今後の市場ニーズを見極めながら、次世代GCUとして市場投入を進めている。

創業100周年目前に

2028年には創業100周年という大きな節目を迎える。もちろん紆余曲折は多々あった。沖原社長は「ここまで来られたのはラッキーだったから」というが、ラッキーだけで荒波を乗り越えてきたわけではない。バブル景気でも踊らされることなく「燃焼」から外れることはなかった。本業に徹した故に08年のリーマンショックでも大きな影響を受けることはなかった。そもそも燃焼技術は奥が深く「人材育成に時間がかかり、参入障壁は高い」。アンモニアや水素など新しい技術に対応し、燃焼技術をより高度なものにしていかねばならない。「ボルカノの事業は創造活動そのもの」というスローガンがより明確になりつつある。

|わ|が|社|を|語|る|

代表取締役社長
沖原 正章氏

持続可能な老舗ブランド企業になろう

当社は私の祖父である沖原辨治が33歳の若さで1928年に創業しました。ボルカノとは火山のことで創業者が開発した国産初のバーナの登録商標で、1963年に現社名に変更しました。100年近い当社の根源は研究開発であり、事業発展の最高の協力者は「お客さま」だと思っています。そして無形最高の財産は「顧客信頼」です。創造がなければ前に進むことはできません。この思いを社員と共に有したいと思っています。また100周年に向けてひとつのスローガンを作りました。BOSC VOLCANO（ブランド・オリエンテッド・サステナブル・カンパニー、ボルカノ）というものです。ブランドを大切にした持続発展可能な老舗企業を目指そうという意味です。常に時代を呼吸しながら新しいことに挑戦し続けます。

会社 DATA

所在地	大阪市淀川区野中北1-3-38
設立	1928（昭和3）年9月3日
代表者	沖原 正章
資本金	4,620万円
従業員数	129名（23年9月20日時点）
事業内容	舶用機械、産業機械、環境機械及び装置などの製造販売
URL	https://www.volcano.co.jp/

株式会社松本機械製作所

提案力、顧客に寄り添う製品づくり、迅速なフォローでトップブランドに
——創業から80年以上の歴史ある遠心分離機のパイオニアメーカー

ここに注目!

厳しい品質が求められる医薬品向けで7割を超えるシェア
あらゆる機会を通じてスキルアップを支援する手厚い人材育成

新型コロナウイルス感染症(COVID-19)のパンデミック(感染爆発)で、ワクチンや治療薬が大きな話題となり、世界中が注目した。そうした医薬品開発になくてはならないのが遠心分離機だ。医薬品だけではない。化学製品や自動車部品、食品の生産など、あらゆる業界で活用されている。株式会社松本機械製作所は遠心分離機のトップブランドメーカーとして、世界のモノづくりを支えている。

同社は1938(昭和13)年に、創業者の松本福太郎氏が工作機械や産業機械の製作を手がけたのが始まり。1945年7月の堺空襲で工場の大半を焼失、操業不能となり休業に追い込まれたが、1947年に2代目社長の松本孝氏が卒業と同時に工場を整備して営業を再開する。

創業者の松本福太郎氏(左から2番目)

医薬品製造に適した遠心分離機

転機となった遠心分離機の修理

同社の転機となったのは、1949年に製薬会社や化学メーカーから遠心分離機の修理を頼まれたこと。翌1950年には遠心分離機の専業メーカーに転換し、今日に至っている。技術力には定評があり、絶対に失敗が許されない国内医薬品メーカーの73%が同社製の遠心分離機を使っているという。

同社の遠心分離機は安くない。コストダウンよりも品質と機能の向上を優先してきたからだ。それでも「松本機械の遠心分離機を選ぶ」という顧客が跡を絶たないのだ。価格が安い他社製品を選んで後悔する顧客も少なくない。同社の遠心分離機は機械だけではなく、サービスや提案も含めて選ばれているのだ。なぜ、そこまで高い評価を得ることができたのか?その理由は高い提案力ときめ細かいサービスだ。

同社は遠心分離機の使いやすいセッティング環境やどんな製品を作るのかを綿密にヒアリングし、最適の装置を提案する。つまり同社が納入する遠心分離機はオーダーメードに近い。想定した効果が出ない場合は、実際の運転状況を確認しながら修正していく。困難な要望や、未経験の案件でも断らないので、困っている顧客から絶対の信頼を得た。

営業時間外の緊急対応では、夜中や正月でも要請があればすぐに技術者が飛んでいく。発売から

機械ごとに図面を作成

遠心分離機の製造

2018年に完成した新工場

30年を経過した生産中止モデルのトラブルでは、同じモデルを利用している顧客に予備部品がないか片っ端から問い合わせて修理用部品を調達したことも。

「困った時は松本機械」で顧客から厚い信頼

松本知華社長は「もともとそういう社風だった」と振り返る。戦後の営業再開直後に製薬会社と取引をしたことで、医薬品ならではの厳しい要求に応え続けてきた。その結果、どのメーカーからも断られた遠心分離機の開発を請け負うことができ、「松本機械に頼めば、どんな難しい課題も解決してくれる」と高い信頼を得たのだ。

既存の遠心分離機を勧めるのではなく、一から設計し直して顧客の製造現場に最適の機械を提案する。固定客が離れないのはもちろん、「新しい製品をつくりたいので、そのための遠心分離機を提案してほしい」との新規客も増えた。

社員にも高いスキルが求められるため、人材づくりには力を入れている。社員は入社後、自社工場で半年以上の技術研修を受ける。その後はスキル向上のための外部研修や資格取得を積極的に支援している。怒りなどの感情をコントロールするアンガーマネジメントやチームビルディングといった技能系以外でも、仕事に役立つ内容なら申請すれば受講や資格取得の費用、交通費などを会社が負担しているという。資格取得手当に加え、月々の資格手当を支給するなど、資格取得を奨励している。

給与も年功序列ではなく、社員一人ひとりの向上心や粘り強さ、仕事への対応スピードなどで評価する。松本社長は工場内に冷暖房を完備し、タブレットの「iPad」を配布してチャットによる連絡やウェブ会議を導入するなど、若者が働きやすい環境を整えた。「今は採用で会社が人を選ぶのではなく、選んでいただく時代。優秀な人材を獲得するためにも社内環境の改善を続けたい」と意欲を燃やしている。

| わ | が | 社 | を | 語 | る |

代表取締役社長
松本 知華氏

「技術の松本」で新市場を拓く

提案力、諦めない粘り強さ、対応スピードが「技術の松本」を支える強みです。「なぜ遠心分離機の導入を検討されているのか？」からスタートし、お客様が今よりも品質の良いものを、効率良く、安全に製造できる装置を提案。いかなる困難があってもユーザーとともに粘り強く考えて克服し、納品後もお客様に対する迅速なアフターフォローを徹底して実施しています。遠心分離機とは無縁だった会社にも、導入することで新製品や生産の効率化に役立つことを提案して新市場を開拓したいと考えています。人があってこそのわが社。社内では女性社員も増えており、在宅勤務の導入や長時間勤務の排除など誰にとっても働きやすい職場づくりに力を入れています。

会社 DATA

所 在 地：大阪府堺市堺区三宝町6丁326番地
設 立：1939（昭和14）年9月7日
代 表 者：松本 知華
資 本 金：3,000万円
従 業 員 数：56名（2023年8月時点）
事 業 内 容：各種遠心分離機の開発・製作、遠心分離機に付属する化学機械ならびに装置の開発・製作
U R L：https://mark3.co.jp/

株式会社をくだ屋技研

創業90年の物流運搬機器メーカー
――2024年問題を意識し、油圧技術を応用し産業界の困りごとに対応

ここに注目!

主力のパレット運搬機は累計出荷台数100万台超

100周年に向けてユーザー企業などとの共同開発を通じた新製品に挑戦

株式会社をくだ屋技研は、荷物を積載したパレットを人力で運搬する機器「キャッチパレットトラック」などのメーカー。パレットにフォークを差し込んで移動させる機器で、工場や倉庫、卸売市場などで必ずと言っていいほど目にする荷役機器だ。すでに60年以上にわたって累計100万台超の出荷実績を誇っており、同社の看板製品の一つ。

1934年に奥田源之助氏が奥田鉄工所として創業した当時は、エアポンプ（空気入れ）を製造販売していたが、シリンダー構造油圧の技術を発展させて高圧エアポンプを開発。自動車整備工場などで使うガレージジャッキなども世に送り出した。油圧シリンダーは、その精密な構造が性能を左右する。同社は、パッキンを使わない「ノーパッキン方式」で特許を取得、Oリングにより作動油をシリンダー内に封止し、バルブ回路の精密さとオリジナリティーで長寿命を実現している。創業者の旺盛な技術開発は今に生き続け、100件を超える特許取得数も同社の特徴となっている。さらに、油圧技術を応用して、「世の中の困りごとに対応していくこと」（市原浩一専務取締役）をモットーに、近年は介護施設や病院において、患者が移動する際の介助機器を開発するなど、製品群を広げている。

コロナ禍を乗り越え業績は順調に拡大、省力化や女性の現場進出への対応で注目

製品群は大別して、標準品、専用機（カスタム品）に分かれる。もちろん主力製品は「キャッチパレットトラック」で、売り上げの3割を占める。次いで、パレットを1〜2メートルの高さまで持ち上げて移動させることができる「パワーリフター」。製造現場の人手不足といった近年の産業界の課題を背景に、新型コロナウイルス感染症対応が一段落すると、受注は再拡大し、2023年6月期の売上高は最高を更新した。

女性の現場進出の拡大にも対応したアシスト機能付きの運搬機器「プッシュキャデ」は2020年に開発した注目製品。電動車は既存製品だが、押す、引くといった人の力が加わると動くアシスト機能を備えたもの。主力製品は250キログラム対応機で、女性や高齢者らの作業用として好評だという。また、無人搬送機（AMR）も2022年に開発した。床面に貼り付ける磁気テープを必要としないマッピング方式の搬送機で、1トンの荷物まで運べる。

こうした製品開発は、パートナーシップ宣言に基づいて、「困りごとを楽に、安全に、隙間を埋めるノウハウや技術力を、外部の企業とともに共同して行う」（市原取締役）取り組みから生まれた成果という。広く浅く外部の企業と協同することにより、電気関係、金属関係、樹脂関係といった分野を問わずにモノづくりの交流を深めて知を蓄え、自由かつ豊かな発想で挑戦し、世の中に貢献していくという経営方針を具体化したものだ。

本社外観

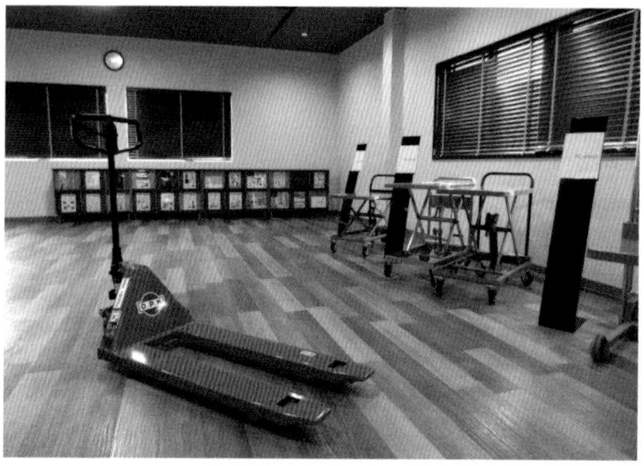
主力製品のキャッチパレットトラック

一人ひとりの能力を引き出す人材育成で社員のQOL向上へ

現在、経営方針と掲げているのは、人、環境、DX、研究開発、納期短縮、売上利益、パートナーシップ、アフターメンテナンス事業など。人の面では、奥田暢子取締役を中心に、「ダイバーシティ＆インクルージョン（D＆I）」に取り組んでおり、1人1人の能力開発、男女平等といった多様な属性を経営に生かし、社内外を通じてグローバルな人材の育成を進める。環境面ではSDGsを意識し、災害時のBCPとして社内の空きスペースに緊急時用物資を保管し、近隣住民を含めて避難できる体制を構築中。研究開発においても、物流業界などでの人出不足が叫ばれる「2024年問題」を意識した製品開発を展開中で、すでに「プッシュキャデ」など成果が出始めている製品群が生まれている。さらに、アフターメンテナンス事業では、標準品から専用機へと製品割合が増えていることを踏まえ、代理店ではなく、自社によるサービス充実による顧客満足度の向上を目指すことが主眼。そのためにも、新たな人材の確保は重要であり、社員の生活の質（QOL）の向上のために待遇改善、福利厚生、研修制度を拡充しながら盤石の体制で100周年を迎えることにしている。

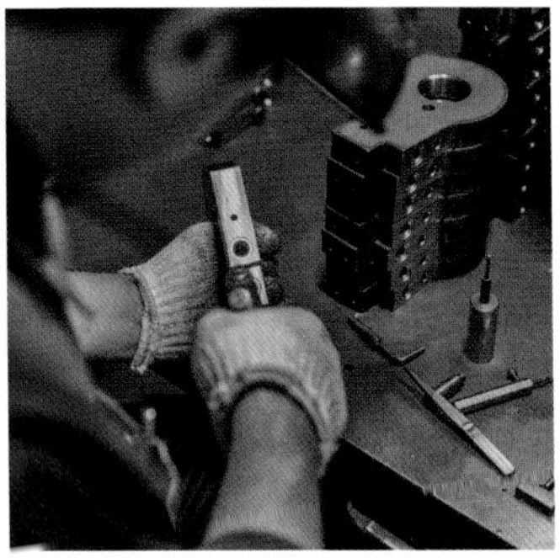

「高品質」に力を注ぐモノづくりのプロセス

本社カフェスペース内でのミーティング風景

|わ|が|社|を|語|る|

代表取締役社長 CEO
奥田　智氏

価値観に共感してもらえる人を求めたい

2008年のリーマン・ショック以降、しばらく新規採用を抑制していましたが、その後は業績拡大に伴って新卒者、経験者の人材確保を積極化してきました。工業系（理系）、文系を問いません。営業、開発、技術のいずれも必要な人材であり、向上心がある人であれば、どのような職種にも対応してもらっています。平均年齢は44歳。定年は65歳で、70歳まで再雇用で働くことができます。会社理念の「和は人格を形成し、研究は会社発展の基礎である」、会社信条の「常に社会に貢献する企業でありたい」を実現するうえで、社員のQOLの向上は欠かせないという考えで経営しています。共に働ける仲間には、自由で豊かな発想で挑戦するというこの価値観に共感してもらえる人であれば、当社の扉をたたいてほしいものです。

会社 DATA

所在地：大阪府堺市美原区丹上263
創業：1934（昭和9）年11月
設立：1954（昭和29）年11月12日
代表者：奥田　智
資本金：9,650万円
従業員数：126名（グループ245名）（2023年9月現在）
事業内容：荷役運搬機械および環境機器の製造販売
URL：http://www.opk.co.jp/

オークラサービス株式会社

オークラ輸送機の施工・アフターサービスを担う技術サポート会社
――経営資源は人財。人を大切にする経営を貫き52期連続で黒字達成

ここに注目!

オークラ輸送機の物流システムに新たな価値創出

顧客だけでなく従業員の健康や就業サポートを最重視する「社内大学」「ライフケア事業（介護、保育、社員食堂等）」

物流システム大手のオークラ輸送機（兵庫県加古川市）の全額出資子会社としてオークラ輸送機製品の据え付けやメンテナンスを担当する。工事事業は100%親会社向けだが、メンテナンス事業は物流システムの納入先と直接やりとりし、アフターサービスを行なう。売上はざっと工事が50億円、メンテナンスが100億円の規模だ。オークラ輸送機の副社長を兼ねる大庫隆夫社長は「親会社はコンベヤなど形のあるものを売るが、当社は施工技術、技を売る会社」と、技の伝承や人財育成に力を入れている。近年は、コンベヤやロボットのデータを収集・分析して、突発的なトラブルを未然に防ぐ「予知保全サービス」の開発や、従業員の健康や就業サポートのために社員食堂や保育園、介護事業を立ち上げている。

物流現場の自動化を加速させ、省力・省人化を推進する物流システム

パレタイジングロボットのメンテナンス風景

流通業（物流センター/eコマース）向けが急拡大

同社は創業以来、52期連続で黒字を達成している。08年には64億円だった売上は22年には156億円と2.4倍に拡大した。親会社の受注が好調なことに加え、メンテナンス事業が大きく伸びた。国内だけで17カ所の営業拠点を持ち、23年に入ってからも富山に本社を置く、搬送・省力化設備の設計製作施工、メンテナンスを手がけている株式会社 高橋を子会社化して北陸での体制を整えた。これまで空白地帯だったが「拠点を置いたら驚くほど問い合わせが来た」（大庫社長）。親会社の顧客を100%カバーするのは難しいが「技術サービスの会社はホームドクターのようなもの。顧客の近くにいなければならない」（同）とまだまだ伸びしろがありそうだ。

顧客層は変わりつつある。現在製造業と非製造業の比率はほぼ半々だが、急速に非製造業が伸びている。eコマース業界の活性化に伴い、大規模な物流センターの建設が増えているためだ。コロナ禍でも受注が増えており、「行動が制限され人との接触が最小限になり、宅配が急速に増えた」と分析する。大規模物流センターは24時間稼働でメンテナンスに費やす時間は限られる。ましてや非製造業種には設備の専門家は少ない。必然的に同社のような存在が不可欠になる。

工事、メンテナンスに続く事業の柱として期待されるのが「オー

社内大学技術講座の風景

フリーアドレス制のオフィススペース
(新本社3F)

新本社にある卓球台は休憩時間に従業員で賑わう

クラロボットサプライカンパニー(ORSC)」だ。09年に立ち上げ、全国展開を開始した。これはいわばロボットのシステムインテグレーター(SI)事業。オークラ輸送機の看板商品である「ロボットパレタイザー」は、コンベヤとロボットをセットで納入する。同社はロボットパレタイザーに関するコンサルティング業務に加え、ロボットだけを更新したいという顧客の要望に基づき、用途や価格に応じたロボットを提案する。

顧客を交えて「安全・安心」を実現

工事やメンテナンスといった無形の価値を売りものにする企業らしく、人財育成に力を入れている。99年には社内大学を開設し、01年には技術者資格制度を構築した。社内大学は管理講座、基礎講座、技術講座、特別講座などからなり、顧客を交えた公開講座も行っている。「安全・安心は自社だけではなく、顧客の協力なしには達成し得ない」との信念に基づくものだ。同社の新入社員は約10か月間、社内大学で研修を受け、ある程度の技術力を身に付けた後、正式配属される。こういった社内大学の成果もあり、同社の離職率は低水準で推移している。

海外拠点も人財育成に有効活用している。03年に上海駐在員事務所、広州にも事務所、タイでは親会社への出向の形でスタッフを配置しており、常時3人が海外に常駐している。「企業のグローバル化は人財のグローバル化」と、社員の海外派遣だけでなく、中国やベトナムの人財も採用している。しかもすべて正社員待遇だ。

社歴は50年を越えたが、大庫社長が常に強調するのは「原点に帰れ」。その原点とはコンベヤであり物流システムだ。「IoT機器を設置し、振動や熱等のデータ収集・AI分析によって故障を予知する未来型メンテナンス"オークラ予知保全サービス"を開発中であるが、これからも機械据え付けやメンテナンスを人が現場で行なうことは変わらない」と見る。顧客満足度を一層高めるためにも、原点を守り、技術を継承しながら環境変化に柔軟に対応していく。

|わ|が|社|を|語|る|

代表取締役社長
大庫 隆夫氏

チャレンジ精神の醸成と経営資源としての人財育成を考え続けてきた

当社はオークラ輸送機の子会社として50年以上の歴史があり、工事とメンテナンスという重要な役割を担ってきました。世の中に必要とされる会社とは、得意技を持っている会社です。得意分野を作るためには人財育成、技術の継承が不可欠であり、オークラグループは業界に先駆けて社内大学を開設しました。

当社の経営資源は人財です。従業員が安心してノビノビと就業できるように、社員食堂、介護事業、保育事業等のライフケア事業にも取り組み、リモートワーク制度導入、フリーアドレス制導入、制服廃止等、働き方改革も行なっています。これからもお客様・社会・地域から必要とされ、貢献できる企業であり続けるために挑戦を続けてまいります。

会社DATA

所在地	兵庫県加古川市野口町古大内900
設立	1971(昭和46)年4月1日
代表者	大庫 隆夫
資本金	8,000万円
従業員数	378名
売上高	156億円
事業内容	物流システムの据え付け、移設、改造工事　物流システムの定期点検業務　物流システムの修理、オーバーホール業務　機器・部品販売業務　ロボット販売業務　保険代理店、農業、加工食品、介護、保育サービスに関する業務
URL	https://okrs.co.jp/

株式会社魁力屋

京都ブランドと社員の力で地域一番店を目指すラーメンチェーン
――日本の食文化と「おもてなしの心」で世界中を笑顔に！

ここに注目！

「京都北白川」を冠に、徹底的にこだわった醤油と麺で人気ラーメンチェーンに
働きやすい職場づくりに力を入れ、社員全員参加で商品とサービスの向上を目指す

日本人の「国民食」として定着したラーメン。今では海外でも「新しい日本食」として人気を集めている。国内でも大手チェーンから個人商店まで、個性的なラーメン店が営業している。中でも注目されているのが「京都北白川」ブランドを展開する魁力屋だ。京都は日本でも指折りの「ラーメン激戦区」で、全国展開している複数の大手ラーメンチェーンが本社を置く。同社は2003年に創業し、20周年を迎えたばかりの若い会社だが、京都発の大手ラーメンチェーンとして存在感を示している。

「京都北白川」でブランドづくりに成功

魁力屋は飲食店経営を手がける有限会社マルフジフーズとして産声を上げ、05年4月に滋賀県大津市に「ラーメン魁力屋」の1号店をオープンした。最初はなかなか軌道に乗らず、暗中模索の日々が続いた。転機となったのは06年6月の箕面店（大阪府箕面市）開業。この時に初めて「京都北白川」の冠をつけて出店、たちまち人気ラーメン店となった。こうしてブランド戦略に成功した同社は09年12月、「都筑中原街道店」（横浜市）をオープンし、国内最大の市場である関東に初進出する。横浜は「家系ラーメン」の牙城で、独自のラーメン文化を持つ都市だが、敢えて難しい市場にチャレンジ。見事に成功を収めた。

関東で成功した理由こそが、まさに魁力屋の強みでもある。同社の看板商品でもある「特製醤油ラーメン」は、大豆の旨味を引き出すことにこだわり抜いた醤油を使い、スープの旨味や香りを最大限に引き立てている。麺は数百種類の中から厳選した小麦粉を使った特製の中細麺。絶妙の温度と湿度で熟成させることにより、スープとのバランスが絶妙な喉越しの良い麺に仕上がっている。子供から高齢者まで万人受けするクセのないラーメンで、「毎日食べても飽きない」と顧客から高く評価されている。「焼き飯」はオーダーを受けて中華鍋で作る本格派で、定食の一番人気だ。このほかにも豊富なメニューを取り揃え、大手ラーメンチェーンでは選択肢が多いのも魅力という。

店舗イメージ

特製醤油ラーメン

店舗従業員

本社従業員

働きやすい職場づくりで社員と共に成長

働きやすい職場づくりにも力を入れた。ゆで麺機を手動から自動に切り替えることで、オペレーションの均一化を目指しガスからIH調理器に変更することで涼しい厨房への切り替えを順次開始している。また鍋を小さくしたり、丼を持ちやすいように改良したりと、労働負荷を軽減して作業効率を高める工夫も。働きやすさを追求する背景には、同社の成長戦略がある。魁力屋の店舗運営は、70店くらいまでは社員のスキルに依存していた。しかし店舗網が急速に拡大する中で、店舗運営を社員頼みではなく「仕組み化」する必要に迫られる。厨房作業の難易度を引き下げながら、店舗サービスのクオリティーを引き上げる「仕組み」を構築した。最新鋭の厨房設備を導入したのも、その一環だ。その結果、同社は130店舗を超える一大ラーメンチェーンに育った。今後も年間15〜25店舗の出店を続ける。

藤田宗社長は「ラーメン屋のブラック企業イメージを払拭したい」と意欲を燃やす。みなし残業を廃し、残業は1分単位で把握、三六協定違反は絶対にしない。週休2日制を徹底するためにシフトを調整。「頑張って長時間働く」ことを美徳とせず、ワークライフバランスを重視した。社員の独立も後押しする。「キャリアプラン独立制度」がそれ。勤続3年以上で本部が認めた社員には「暖簾分け」で店舗経営を任せる。いわば社内フランチャイズで、現在は25店舗が運営中だ。

同社が最も大事にしているのが「魁力屋クレド」と名付けた行動指針。シンプルで簡単な内容のカードサイズの文書で、アルバイトを含めて全従業員が日頃から持ち歩いている。アルバイトから年間30〜40人が社員に登用されているが、クレドで方向性が定められているために直ちに社員として戦力化できるのだ。今後もクレドに基づき、「笑顔」「元気」「気くばり」で成長を目指す。

|わ|が|社|を|語|る|

代表取締役社長
藤田　宗氏

ナンバーワンのラーメンチェーンを目指す

わが社は徹底した現場主義の会社です。私をはじめ役員や管理職は若手社員とフランクに交流し、意見に耳を傾けています。現場に近くないとダメだという信念から、本社はワンフロアの大部屋主義で、誰でも気軽に経営陣に声をかけられる環境です。ラーメンは流行廃りがないビジネスで、様々なジャンルの店舗があります。ラーメンビジネスは、これからも成長が続く有望市場。そこでの勝負のカギは人材にあります。「良い会社」と言われるところは、社員満足度が高い。そうした会社になるための努力は惜しみません。優秀な人材を育てることで「ナンバーワンのラーメンチェーン」を目指しています。ぜひ私たちと一緒に、もっともっと良い会社づくりに参加してほしいです。

会社 DATA

所在地	京都市中京区烏丸通錦小路上ル手洗水町670番地　京都フクトクビル 6階
設立	2003年2月
代表者	藤田　宗
資本金	8億7,280万円
従業員数	283名（社員数・2023年9月末現在）
事業内容	飲食業の経営（直営店運営・フランチャイズチェーン展開）
URL	https://www.kairikiya.co.jp/

ダイトロン株式会社

商社とメーカーのシナジーにより成長
――創業以来、技術力重視を貫く

ここに注目!
出世魚のように社名も中身も進化
ソフト・ソリューションに力こぶ

ダイトロン株式会社は“技術立社”を謳い文句として、商社＋メーカー＝ダイトロンという方程式を成立させている。「目指す企業、手本とする会社は特にない」（土屋伸介社長）と独自路線を貫いて、商社とメーカーのシナジー効果による成長発展を成し遂げてきた。今後は、事業の幅を広げて深さを増し、ひいては成長を加速させるため「ソフト開発やソリューションの提供に力を入れていく」（同）。

創業年は1952（昭和27）年で、髙本善四郎氏が「大都商事」を興した。髙本氏は「技術を持った会社でなければ生き残れない」とし、商社にも独自の技術力が不可欠と見て、各種技術の蓄積に取り組んでいく。その延長線上で、1970（昭和45）年、技術部を独立し大都電子工業を設立して、今日のダイトロンの基本形を確立する。

創業時の「大都商事」は「ダイトエレクトロン」、「ダイトロン」と、株式公開や子会社統合のタイミングで出世魚のように変身した。ちなみにダイト（大都）は、創業者が京都出身で、大阪で起業した際、大阪の「大」と京都の「都」を組み合わせたことに基づく。

子会社を統合し機能アップ

大谷翔平選手の二刀流が話題を集めて久しいが、ダイトロンは昭和の時代に、商社とメーカーの二刀流を試みて、昭和、平成、令和と三つの時代を二刀流で乗り越えてきた。二刀流の歴史を振り返ると、大都電子工業および1994（平成6）年設立のダイトデンソーの二つの子会社がメーカー機能を担ってきた。子会社とのグループ運営を進めるなかで「情報共有を図り、機能アップするには一本化した方がベター」（土屋社長）と見極めたことから、2017（平成29）年に子会社を統合し今日に至る。

この間の歩みをキーワードで表

本社

中部基幹工場

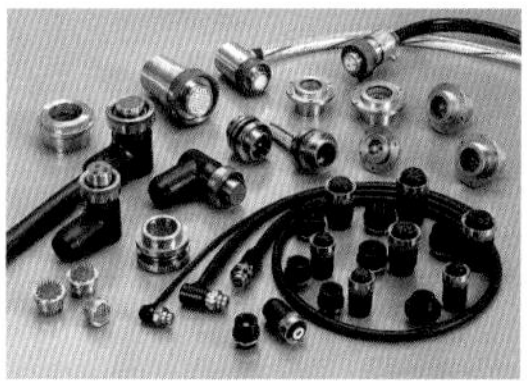
電子部品

機械装置

集合写真

従業員

従業員

すと、製販一体→製販融合→技術立社となる。技術立社は、もちろん「技術立国」の会社バージョン。数年前から強く訴求するようになり、PRポスターなどにも「技術立社」と大書している。技術重視を宗とした創業者の思いを明確に打ち出した格好だ。

同社では各種のセンサー、半導体、通信デバイス、無停電電源装置（UPS）や、画像関連機器、半導体製造装置、電子部品製造装置などを幅広く取り扱い、多種多様な産業分野に供給している。今後、品揃えをさらに充実させ、方向性としては、自社製品の開発強化を含め、より高付加価値な商材のウエートを高めていく。

より広く、より深く顧客と接する

ここへきて特に力を入れているのがソフト、ソリューションの強化・拡充だ。単にハードの部品、装置を提供するだけではなく、ソフトと組み合わせたソリューションビジネスを展開することで、より広く、より深く、顧客と接し食い込んでいこうとの狙いである。

一例として、データセンター向けUPS周りのソリューション提供が挙げられる。これは、同社取扱品である海外メーカー製UPSに付随するアプリケーションを開発・製品化し、データセンターの立ち上げ、メンテナンス等のサービス一式を引き受けるといったもの。また、商材として長年、手がけているレンズ、カメラ、照明の類いと、AI（人工知能）ソフトなどを組み合わせることで、各種検査・測定の自動化システムを製品化してもいる。

ソフト・ソリューションビジネスを深耕するには、人材確保が欠かせない。そこで、リクルートではソフト技術者の採用に重点的に取り組んでいる。「最近の採用実績は、理系の半分はソフト系」（同）で、現状、数十人規模のソフト技術者を倍増させる意向だ。

同社では成長戦略の柱の一つに、海外市場の掘り起こしを掲げている。現状の海外比率は20%ほど。それを当面、30%に引き上げ、将来的には50%にまで高めいく。これまで主にアジア市場向けの実績を積み上げてきたが、2023年春、オランダに初の欧州拠点を開設し、欧州市場の開拓に乗り出している。

商社・サービス

|わ|が|社|を|語|る|

代表取締役社長
土屋 伸介氏

成長分野で右肩上がりを続ける

扱っている商材は、データセンター、自動運転、ウエアラブルなど、5G（第5世代移動通信システム）、IoT（モノのインターネット）、AIといった先端技術を駆使する成長分野で広く使われています。そのためか、当社の業績も右肩上がりで伸びているところです。

組織形態は、販売機能のM&Sカンパニー、製造機能のD&Pカンパニーと、海外事業本部、管理本部の2カンパニー2本部の体制をとっており、各社員が適材適所で働けるように、人事交流などの工夫を凝らしています。得意分野や適性が異なる多種多様な人それぞれが、やりがいを持って働ける職場環境を心掛けているので、新卒、中途を問わず、是非、一度アプローチしてください。

会社 DATA

所 在 地：大阪市淀川区宮原4-6-11
創　　業：1952（昭和27）年6月21日
代 表 者：土屋 伸介
資 本 金：22億70万8,560円（東証プライム市場上場）
従業員数：連結：942名
事業内容：電子機器および部品、各種製造装置等の製造・販売および輸出入
U R L：https://www.daitron.co.jp/

大和物流株式会社

ロジスティクス・ソリューションを提供する総合物流企業
――積極投資で全国ネットワークを強固に

ここに注目！
ロジスティクス・ソリューションを種々の業界に提供
強みを活かしながら、高い営業利益率を実現

大和物流株式会社は、大和ハウスグループの中で物流事業を担う中核企業。1959（昭34）年に発足し、社歴は64年に及ぶ。建築・建材物流で培ったノウハウを生かし、グループ外の事業を拡大し、外販比率は3分の2に達する。最も得意とする建築・建材分野が約75％を占め、これに続いて雑貨・アパレルなどの流通分野が約10％となっており、多岐にわたる企業にロジスティクス・ソリューションを提案している。近年では半導体製造装置向けなど付加価値の高い業務が増えており、物流業界での利益率の高さは群を抜いている。

つくばロジスティクスセンター

様々な業界へのサービス提供

『三方よし』で中期経営計画達成へ

同社は2026年度を最終年度とする中期経営計画を推進している。数値目標は営業利益100億円、売上高1,000億円。2年目の現在は順調に推移している。ただ「売上という数字だけを目標にするのではなく、お客様のニーズを捉えて、当社が得る利益以上の価値を提供し喜んでいただく事が大事。もちろん従業員だけでなく協力会社等にも目を向けて事業を運営する。その積み重ねが利益という結果」（木下健治社長）が基本方針。同社は売上高こそ大手とは開きがあるが、利益率はトップクラス。2023年3月期も売上高は約630億円に対して79.6億円の営業利益を達成している。設備投資額は明示していないが、木下社長は2020年4月に就任してから物流センターなど設備投資を積極的に行ってきた。3年半の間の投資額は約300億円、23年9月末段階で拠点数は104カ所、延べ床面積37万坪に及ぶ。これにより全国ネットワークを強固なものにした。しかも「1センター当たりの規模の拡大や既存センター周辺へのドミナント展開を図ることで、安易に人やトラックを増やさずに生産性を高めながら事業を拡大してきた。」（同）のがポイントだ。

様々な改革の臨む先は

木下社長は就任後、組織改革を

企業メッセージ

サービス提案に向けた準備

断行した。従来の業務本部、営業本部、管理本部の３本部を、物流統括本部と管理本部の２本部に再編した。従来の業務本部は大和ハウス工業向けの業務を担当していたが、ロジスティクス・ソリューションを考える上で、組織を分ける必要はない。複合的な視点で業務へ取り組んでもらいたいと期待を込めて決断した。またこのほど自動運転技術を利用したトラック幹線輸送サービスを目指している「株式会社T2（千葉県市川市)」に出資し、同社の計画に参画する。これも2024年問題や、ドライバー不足などの深刻化が進む中、持続可能な新しい物流サービスとして提案できる体制を構成していくためのものだ。「社員一人一人が物事を考えチャレンジし、自ら仕事を面白くする意欲が溢れる会社にしたい」とビジョンを語る。

変えたのは組織だけではない。昨今話題となっている「働き方改革」に対しても、様々な対応を進めている。同社は今年度から60歳以降も一律に賃金が下がることのないよう、制度改革を実施し、長く働ける環境の整備に取り組んでいる。

そして、大阪市の認定する「女性活躍リーディングカンパニー」の三つ星認証と「イクメン推進企業」、さらには22年度に国土交通省の「働きやすい職場認証制度」の二つ星認証を取得した。現在は性別に関係なく、育児休業が取得しやすい環境の推進に取り組んでいる。女性の活躍は進んでおり、21年度の女性役職者比率は33％に達するだけでなく、ここ数年の新卒の内定者の４割ほどが女性だ。ただ、「最初に数字ありきで無理に女性比率を上げているのではなく、性別・国籍等に縛られず、当社で活躍したいと意気込む人材に入社いただいている」と、あくまで自然体である。

組織全体の士気も上がり、中期経営計画は順調に推移しているが、さらなる目標は「『物流』を大和ハウスグループが掲げる戸建住宅、賃貸住宅、商業施設、事業施設などの主なカテゴリーに並ぶような、存在感ある事業として拡大したい」と明確だ。

|わ|が|社|を|語|る|

代表取締役社長
木下 健治氏

夢を運び続ける企業に

「We Drive DREAMS」これは当社が2015年に制定した企業メッセージで、社員の名刺のほか保有車両にもこのメッセージを掲げています。夢を持って仕事に取り組み、夢を運び続ける企業でありたい、熱意を持った人が集まる熱い会社にしたい、との思いが込められています。若い人にもどんどんチャンスを与え、チャレンジできる会社にしたいと考えており、その思いが、実を結び、花を開かせている手応えを実感しています。

物流会社にとって最大の経営資源は人材。従業員のワークライフバランスの確保や、働きがいを感じられる企業風土の醸成に向けて、さらなる改革を進めていきたいと思っています。

会社 DATA

所在地	大阪市西区阿波座１丁目５番16号
設立	1959（昭34）８月
代表者	木下 健治
資本金	37億6,400万円
従業員数	1,423名（2023年３月31日時点）
事業内容	貨物自動車運送事業、荷造梱包・解梱事業、倉庫業、建設工事業など
URL	https://www.daiwabutsuryu.co.jp

◢日本機材株式会社

自動化ニーズに応え、産業界に貢献
——空気圧装置からソリューション提供、体制強化

ここに注目！
関西学研都市にNKソリューションセンター開設
ロボット・センシング・製造装置・システム（AI）を組合わせたソリューション提案で実績

日本機材株式会社はファクトリーオートメーション（FA）市場の専門商社で、製造業などの顧客に寄り添い、着実に成長している。SMC株式会社グループのトップ代理店として、また近年は自動化のソリューションエンジニアリングにも注力。新拠点のNKソリューションセンター（京都府木津川市）で、ロボット・製造装置・センシング・システム（AI）を複合的に組み合せ、顧客ニーズに合わせた製品を提供する体制を増強した。自社の業務のデジタル変革（DX）も推進し、今後一段の需要拡大に備える。

ソリューションセンターの計画から展開

日本機材のNKソリューションセンターは2020年8月に、1万6,500m²の敷地に、物流拠点の西日本ロジスティクスセンターと併せて開設。ロボットセンター（施設面積580m²）、ものづくりセンター（同960m²）などを構える。ロボットセンターは産業用ロボ、協働ロボ、AMR（自律走行搬送ロボット）などを展示し、研修や操作トレーニングのほか、ラボ機能を備え、実験・検証にも使う。ものづくりセンターは、設計・組み立て・検査の一連の設備を整備し、顧客注文に応じてユニット機器などを供給する。

同センターは、京都市、大阪市の中心部、中部圏から交通アクセスが良い、関西文化学術研究都市エリアに位置する。学研都市という立地特性に則して、ロボットや製造装置等の技術拠点の機能として、また、物流センターの拡大を目的とした複合センターとして運営している。「センターを訪れるユーザー様に当社のソリューション機能を知ってもらう場としても活用しており、当社の新たな事業展開に大きく貢献している」と、脇坂雄三社長は話す。

SMC代理店として、創業し代理店では今も国内販売トップ。SMCの空気圧機器を主に自動車産業向けに販売し、その後、半導体製造向けが加わって業容が急拡大した。社員の多くが空気圧組立て技能士の国家資格を持ち、足並みそろった技術的知見による営業・サービスが自慢。中国、シンガポール、マレーシアの3カ国に海外拠点を有する。

ロボットは2000年頃から取り扱いを始め、搬送工程をはじめ、組み立て、検査工程などに営業の幅が広がった。製造業のパート

NKソリューションセンターはロボットセンター、ものづくりセンター、ロジスティクスセンターを有する

自社取り扱い製品を集めた「ThaNKs展示会」の風景

協働ロボットパレタイジングシステム

AI外観検査システム

説明員

ナーとして現場をよく知り、ロボット・製造装置などを顧客が現場で確実に使えるような形で提供する。

AI分野では、機械学習データの作成に強い外部企業2社と提携している。現在に至るまで、製造装置・センシング・AI機能を組合わせ、製造工程において人が行ってきた仕分け作業の自動化を実現するなど、顧客の人材不足への対応に貢献する案件も複数受注できている。「案件が今、100件ぐらい寄せられている」と、脇坂社長は手ごたえを示す。最近は、海外のロボット、AIの新鋭企業から、代理店にならないかといち早く声がかかるようになった。

サンクス展、地域貢献など、外部との交流も拡大

NKソリューションセンターでは、仕入れ先企業と協力した見本市「ThaNKs（サンクス）展示会」を2021年から開催。2023年7月19—21日の第3回サンクス展は、41社が出品し、ロボットやAIなどの技術・製品を出品。3日間で客先から210社・562人が足を運んできた。じっくりとユニークな新技術を吟味できる場として好評だ。地域貢献の場にも役立つよう、2022年10月にロボットのプログラミング教室「プログラボ」を開校し、日本機材の社員らが講師役で運営している。近隣には国内有数のマンモス小学校があり、実践的なロボット拠点に併設のプログラミング教室には、多くの児童らが通ってくる。

2030年にかけて、主力の半導体分野の顧客からは半導体需要が2倍に増えるとの見通しが提示されている。マンパワー増員に頼らず、需要の大波をいかに効率的にさばくかが、喫緊の課題。多品種・変量の受注をこなす営業・管理に新たな自動化システムを検討。基幹システムについても再び大がかりな更新が必要と見ており、この3—4年で稼働させるよう検討を急ぐ。業容拡大に向けて、刷新の作業が続く。

|わ|が|社|を|語|る|

代表取締役社長
脇坂 雄三氏

面白味を感じてもらえる会社に

SMCの空気圧機器の販売にまい進し、近年は、自動化のソリューションにも力を入れています。労働人口減少に対してロボット化を推進される企業が多く、気軽に相談してもらえる会社でありたい。顧客の現場で、確かな結果を出してきた会社だと自負しています。

経営理念は「信頼と活力」。これまで業績低迷などの苦しい時、顧客やさまざまな関係先に助けられたという思いがあり、20年ほど前に制定しました。2025年に大阪・関西万博も開催されますし、関西人、大阪人らしい面白みを当社からも感じてもらいたいです。均一ではなく個性が豊か、何か新しい提案がありそうだなと、当社の営業マンらが訪問した際、感じてもらえるようだとありがたいです。

会社 DATA

所 在 地：大阪市中央区安土町1-8-15
設　　立：1965年（昭和40）5月
代 表 者：脇坂 雄三
資 本 金：3億4,000万円
従業員数：365名（パート除く）
売 上 高：389億円（海外含め422億円）
事業内容：各種自動制御機器、産業用ロボットおよびシステム、各種産業機械の販売および輸出入、各種装置のユニット、モジュールなどの設計製作、ECサイト運営など
U　R　L：http://www.nihonkizai.co.jp

◢ミカサ商事株式会社

創業75年、老舗の信頼と実績で販売店から“ミカサブランド”へ
——従業員が「夢」と「誇り」と「自信」を持てる一流の企業に

ここに注目！
年次に関わらず活躍できる風通しのいい社風
新たな本社でコミュニケーションを活性化

半導体デバイスや電子部品、ストレージ製品や液晶といった電子機器の販売、デジタルテクノロジーを活用し教育ICTや企業向けDXなどのソリューションを提供するエレクトロニクス商社のミカサ商事株式会社。創業は1948（昭和23）年。創業者の木村幸吉氏が独立し、医療用小型レントゲン用真空管を販売するミカサ商会を立ち上げた。当時、X線装置の製造に不可欠だった真空管メーカーのNECとの取引をきっかけに、NEC製品の販売代理店へと業態を変え、1957年にミカサ商事が誕生した。主力製品はNEC製の半導体だ。1980年代、90年代はNECを筆頭に、日本の半導体は世界トップのシェアを占めており、電気産業も右肩上がりに発展した時代。オムロンや松下電器産業（現パナソニック）など納入先企業もみるみる大企業へと成長した。それに伴いミカサ商事も事業を拡大し、全国に営業拠点を展開。1980年代には日本企業の海外進出に合わせて海外現地法人を設立。シンガポール、香港、ソウルなど海外拠点を拡充していった。

国内半導体の凋落と再起をかけた挑戦

順調だった事業経営も、2008年のリーマンショックや国内半導体産業の減退によって2010年を迎える頃には低迷期に突入。会社を挙げて「失敗してもいいからまずはやってみる」という経営姿勢のもと、まったく畑違いの領域にも進出を模索したが、どれも苦戦を強いられた。「この時期は本当にいろいろなタネを蒔いた。まったく芽が出なかったものもたくさんあった」と、中西日出喜社長は振り返る。

一方、2010年頃にはストレージ企業である米国ウエスタンデジタル社のストレージソリューション事業が中核ビジネスに発展。伸び続けるデータセンターなどのニーズに同社のHDDは、今後も期待できる製品だ。

また、Googleのパートナー企業として、教育現場にChromebookや教育支援ツールの導入・運用を提案する文教ICT事業は、開始から8年の下積みを経て2020年に急展開を迎えた。文部科学省主導で実施されていたGIGAスクール構想が、新型コロナウイルスの感染拡大に伴い、計画を5年から1年に短縮。数あるGoogleのパートナー企業の中でも8年間、コツコツと築いてきた経験を活かし、Chromebookを1年で30万台以上販売した。

販売店からの脱却

従来の商社事業に加え、2020

5月に移転した本社入居ビル外観

ワンフロアのオフィススペース

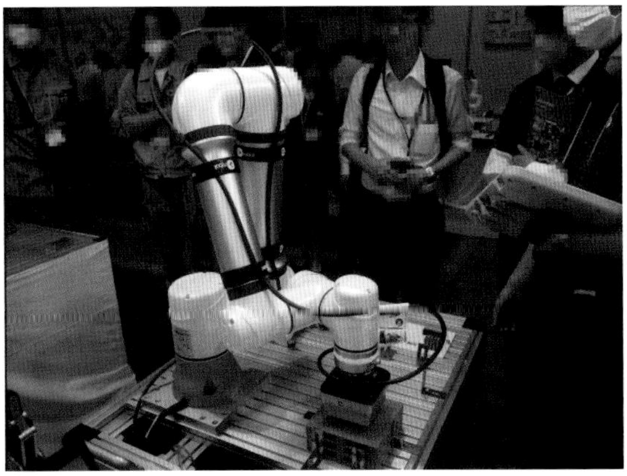

「関西ロボットワールド2023」ブースでの協働ロボット・デモ実演

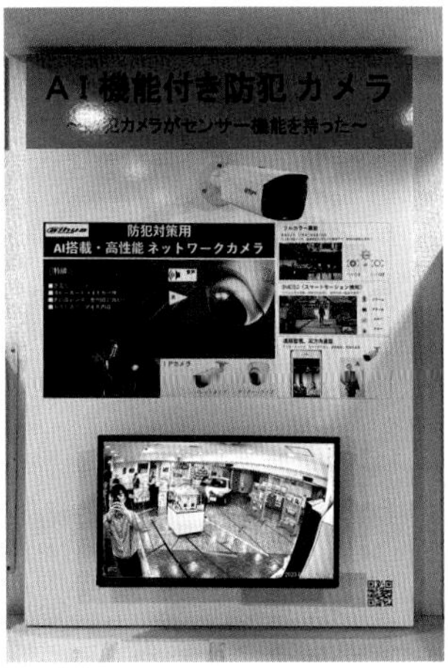

大阪府警察コミュニティープラザにおける常設展示（監視カメラソリューション）

年には半導体設計ベンチャーのインターチップ株式会社を買収し、メーカー事業を拡充。また、文教ICTビジネスに加え、監視カメラソリューションや協働ロボットを活用した自動化支援サービス、AIソリューションなど、ソリューション事業の拡大に注力。従来のエレクトロニクス商社からの脱却を図り「ミカサブランド」の確立を目指す。また、会社の経営基盤は人であり、会社の成長は社員の成長から始まるという考えから、社員一人ひとりがより一層活躍する会社を目指して人財投資にも力を入れている。自らの成長に向けてチャレンジし、成果をだす社員が、達成感・やりがいを感じられるよう、人事の仕組みを再構築。教育体系を整え、すべての階層に対し、成長の機会を提供している。2023年5月には大阪の淀屋橋に本社を移転。解放感のあるワンフロアで社員間のコミュニケーションの活性化を図る。「苦しい時期もあったが、日々変化するニーズに応えるべく、失敗を恐れずに新しいことに果敢に挑戦し乗り越えてきた。現在は近い将来の株式上場に向けた準備も進めており、持ち前のチャレンジ精神でさらなる飛躍を目指す」（中西社長）と言う。創業75年。進化を続ける老舗企業から目が離せない。

| わ | が | 社 | を | 語 | る |

代表取締役社長
中西 日出喜氏

社員の未来に責任を持つ

当社が一番大切にしているのは「社員の未来に責任を持つこと」です。そのために、社員が成長できる教育機会や評価体制の充実などに力を入れています。また、様々なことにチャレンジできる自由で柔軟な社風も当社の特徴です。スローガンは「No Challenge, No Future!」。もともと失敗してもどんどんチャレンジすればいいという社風ですが、特に、今後は、新しい領域にも積極的に進出していきたいと考えています。そのためには私たちにはない発想をもったデジタルネイティブ世代の若者に期待をしています。社歴や年齢に関わらず活躍できる場を用意していますので、チャレンジ精神を持った方に来ていただきたいですね。

会社 DATA

所在地：大阪市中央区北浜三丁目5番29号 日本生命淀屋橋ビル19階
設立：1957年（昭和32年）2月
代表者：中西 日出喜
資本金：3億4,650万円
従業員数：359名（連結）、225名（単体）
事業内容：◇電子部品、電子材料及び電子機器並びに各種電気製品等の製造販売　◇医療用品等の製造販売　◇健康器具及びヘルスケア商品等の製造販売　◇ソフトウエア及びハードウエアの設計、開発及び製造販売　◇インターネットを利用した情報提供サービス及び通信販売　◇商品等の保守業務、レンタル業務及び輸出入業務並びにこれら業務の受託業務　等
URL：https://www.mikasa.co.jp

オーケー化成株式会社

プラスチック製品のブランド価値を高める色作りのエキスパート
――幅広い産業領域で、顧客の製品開発やブランディングをサポート

ここに注目！

質感や機能性にこだわった唯一無二の色を生み出す技術力
環境配慮型プラスチックなども積極的に取り扱っている

オーケー化成株式会社はプラスチックに色と機能を付加する素材のメーカー。1989年に、マーブル模様を表現する特殊な着色剤を開発し、特許を取得。印刷や塗装、フィルム貼り付けといった後加工なしに加飾する革新をプラスチック製品にもたらした。以降、メタリック調や石目調、木目調なども加えた多様な加飾技術を強みに成長。1994年に米国ロサンゼルスに工場建設したのを皮切りに、中国の上海やタイのアマタシティーにも製造拠点を設け、グローバル企業へと発展した。

そんな同社が、ここ5年で新たな戦略を展開し始めている。社内にカラーデザインチームを組織し、製品を開発する企業の担当者やデザイナーと、仕様が固まる前段階で開発連携する「デザイン・イン」だ。色のプロフェッショナルとしてのカラー提案はもちろんのこと、製品コンセプトのイメージから具体的な材料や機能を付与する添加剤の提案まで、クリエーティブな提案ができる独自の体制を整えた。乾友守社長は「当社だからこそ出来る事がある」と確信を持って語る。

独自のカラーデザインで広げる可能性

国内6か所に整備したデザインルームでは、樹脂の種類や色、加飾バリエーション別に並べた数万種のカラープレートのライブラリーを前に、顧客の商品コンセプトを一から聞き出し、協働でカラーデザインしていく。顧客の思いに寄り添った提案をする空間がデザインルームだ。

また、都内のビルの一室に成型機を設置し、顧客やデザイナーがイメージしている色のサンプルをその場で作成するカラーマッチスタジオも運営する。顧客が求める色は画一的ではない。無ければ作る。一切の妥協を許さない同社のこだわりが、このスタジオに表れている。「毎年変化する流行色や、環境対応で誕生する様々な素材。我々はそれに対応し、常にエンドユーザーの価値向上に焦点を合わせ、提案する企業にならなければならない」と、乾社長は自社の役割を意識する。

その想いはしっかりと社員間でも共有されている。自分たちが提案して顧客に採用された案件について、その案件を担当した社員や採用に至るまでの経緯などをまとめたものを社内に掲示し、自社が作っているものが顧客の製品の価値向上にどのように繋がっているかの情報を共有できるようにした。社内の目に入りやすいところに、自分たちの仕事が実際の商品として形になっている情報を貼り

本社デザインルーム

マーブル着色剤を使用した成型品

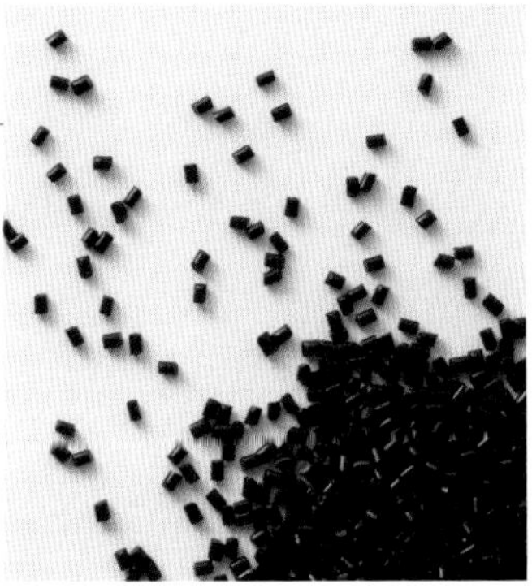

プラスチック用着色剤

関東工場

商談風景

出すことで、仲間を讃え合う組織風土を醸成するとともに、最終商品とその価値がイメージされ、素材を作る企業としての意識や想いが高まり、さらに新たな提案を生み出すモチベーションをつくりだしている。

サステナブル材料で色を楽しむ

海洋プラスチック問題で取り上げられるように、捨てられてしまうイメージの強いプラスチック。だが、化学技術の発展で生まれたこの合成材料は、丈夫で長持ちし、しかも再利用が容易だ。市場成長が著しい環境対応のプラスチックも次々と生まれており、同社は、生分解性ポリマーや自然素材の循環から作られる様々な樹脂にも意匠性や機能性をもたらしている。循環社会の中で、色を楽しむソーシャルグッドな商品開発に積極的に取り組む企業だ。

また、近年はリサイクル樹脂のストーリー性や魅力を色で表現していくなど、環境対応と意匠性の両立を実現。開発部においては、カーボンニュートラルに新しい光を当てる技術開発に取り組んでいる。

プラスチックのポテンシャルを同社と協働で探ろうとする企業は、車や家電、化粧品、日用品、建材などあらゆる分野で年々増加し、これらに対応するため、2022年は関東工場の隣接地に研究開発拠点を稼働させた。更に三重県で約6,000坪の土地を取得し、カラークロッシングステーション（CXS）と名付けた同社最大規模の拠点を2026年に稼働させる計画を進めている。

| わ | が | 社 | を | 語 | る |

代表取締役社長
乾　友守氏

仲間を大切に、仲間と一緒に挑戦する

オーケー化成の社名の由来は、「Open Kick（勇気ある挑戦）」。その挑戦は当社のビジョン『あなたのうれしいを色でつくる』から生まれます。社員のアイデアが次々に生まれる秘訣の1つは人材育成。新人教育には入社2、3年目の社員を充て、教えらえる方も教える方も伸びる仕掛けとし、管理職がそれをバックアップすることで着実に成長へと導く体制です。

2023年度の方針テーマは『未来を描き日々進化』。これからは従来の職場作業が、益々テクノロジーに置き換わります。その進化の中で働く人達の価値は、人にしかできない、人ならではの想像力に置き換わっていきます。時代にふさわしく成長した社員が、自ら考えて出す案がオーケー化成の幅を拡げ、強みとなっています。昨日の自分と比べて少しずつ進む先に、企業としての成長があると考えています。

会社 DATA

所在地：大阪市中央区備後町１丁目７番３号５階
創業：1966（昭和41）年５月
設立：1968（昭和43）年２月
代表者：乾　友守
資本金：9,000万円
従業員数：（国内）185名（海外含）280名
事業内容：プラスチック用着色剤・機能剤・成型機用洗浄剤の開発・製造・販売
URL：https://www.ok-kasei.co.jp/

神戸合成株式会社

企画・開発・製造を一貫で手掛けるケミカルメーカー
――市場のルールチェンンジのたびに業界初製品を生み出す開発力

ここに注目！

系列を超えた顧客拡大戦略。各企業との取引を徐々に大きくする第２フェーズへ
20年ぶりベア実施でモチベーションアップと採用強化

本田宗一郎氏に見いだされ、本田技研工業の純正採用を契機に自動車用ケミカル品メーカーとしての礎を築いた神戸合成株式会社。現在はトラック、バイク含め12メーカーと取引し、建機・農機、船舶ほか、一般産業用で計約300種のケミカル品を展開している。特筆すべきはその数だけではない。神戸合成の強みは、それらがオリジナルであり、企画から開発、製造まで一貫して手掛けるODMで供給していることにある。特許もすべて自社で保有しているため、他社は製造できない。容易に取って代わられないポジション。宮岡督修社長は「それが競合他社と違うところだ」と自負する。

業界初製品「不燃性ブレーキ＆パーツクリーナーZEROFIRE」

令和５年度 神戸合成ホールディングスグループ総会

変化を先読みして開発した「不燃性ブレーキクリーナー」が市場シェア10%に迫る

開発力を高めたのは、環境規制でたびたび起こる化学品市場のルールチェンジの歴史。禁止される素材がある一方、新たなニーズが生まれる中、多くの業界初の製品を生み出してきた。

象徴的な製品がブレーキクリーナーだ。車検時の分解洗浄で作業員が粉塵を吸い込まないよう、業界で初めて開発した。しかし時代が進むと、今度は主成分であるトリクロロエタンがオゾン層破壊につながるとされ使用禁止に。代替としてイソヘキサンを使った製品へと市場は移行した。しかし可燃性で気化しやすいイソヘキサンは安全性で問題があると判断した同社は、いち早く不燃性の「ゼロファイアー」を開発した。

現時点で、イソヘキサンを使ったタイプは規制されているわけではなく、市場では不燃性と可燃性が混在している。素材の違いから製品末端価格で約10倍の開きがあるにも関わらず、ゼロファイアーは発売後約６年で市場シェア10%近くに迫っている。

可燃性製品による引火事故は未だ後を絶たない。コスト抑制のために整備工場の人員や近隣住民のリスクを放置しても許される時代ではなく、宮岡社長は「いずれ市場は不燃性にすべて置き換わる」と見る。神戸合成は市場変化のたびに、新ルールに適合する製品を

営業職、製造職、研究職を積極採用

令和5年度 新入社員歓迎会BBQ

本社外観

即座に開発する力を蓄えただけでなく、“チェンジ”を先読みして開発するメーカーへと変貌しつつある。

製品開発支えるマーケティング。「売るより、聞く」が営業の仕事

一方、同社が得意とするODMは技術だけでなく、マーケティング力も必須。それを支えるのが営業だ。同社の営業は「売る、というより聞くのが主」。全国のディーラーを廻りメカニックやユーザーの「こういう製品があったら」を収集し、開発チームに繋ぐことで「外さないマーケティング」を志向している。

「とは言え、外してしまったこともある」と、宮岡社長は失敗談を明かす。現在、同社のロングセラーとなっているボディ用ガラスコーティング剤は、当初はまったく売れなかった。敗因は、性能を追求するあまりに完全な無機にしたこと。無機のガラスは耐久性が高く、撥水せず水になじむ親水性。「雨が降ればべたーっとなじんで汚れは綺麗にとれるのだが、ワックスのように水を玉のように弾く見た目の高級感がなかった」(同)。しかしそこで諦めたわけではない。無機の表面に有機の撥水性構造を表出させるハイブリッドを1液で可能にする独自技術を確立して上市。いまでは主力製品になっている。

宮岡社長は、少子高齢化によって縮小する国内自動車市場の現状と将来を冷静に分析し、その中でも成長する仕掛けを整えている。同社はかつて「良い技術があるならもっと世に問うべき」との考えで、早くから系列を超えた取引に着手し、ほぼ全メーカーとのパイプを構築した。まだ口座開設から間がなく取引が少ない顧客があり、逆にそれが伸びしろだという。「まずは一点突破。その後ろに300種の製品が控えている」と宮岡社長。独自技術の豊富な製品群で業界シェアを拡げる戦略だ。

わ｜が｜社｜を｜語｜る

代表取締役社長
宮岡 督修氏

未来永劫、技術のキーの部分を握れる会社へ

世界のあらゆる分野のトップメーカーに対し技術を問うてきました。小さな会社ですが、それが誇りです。未来永劫、技術のキーの部分を握れる会社でありたい。その実現で重要なのは人材です。神戸合成は2022年に設立60周年を迎え、20年ぶりのベースアップを実施しました。賞与による単年度での還元でなくベアを選択した背景には、もう一段成長する仕掛けが整ってきたことがあります。すべての自動車メーカーと取引する、という目標もほぼ完成形に近づき、さらにタイへの進出計画も進めており、国内・海外の2軸で成長する体制の仕上げに入っているところです。変化する市場の中で、より広く、多くの企業・ユーザーへ、技術を問い続ける会社を目指しています。

会社 DATA

所在地：兵庫県小野市匠台10番地
創業：1956年（昭和31年）11月
設立：1963年（昭和38年）1月
代表者：宮岡 督修
資本金：6,000万円
従業員数：35名
事業内容：自動車・二輪車用純正メンテナンスケミカル製品の開発・製造・販売
プラスチック成形金型用メンテナンスケミカル製品の開発・製造・販売
エアゾール充填加工
URL：https://www.kobe-gosei.co.jp/

株式会社日新化学研究所

研究者が現場で問題解決する提案型セールスエンジニア集団
——日本の「モノづくり現場」を支える助剤のトップブランド

ここに注目!

社員のおよそ8割は化学やバイオの研究者という専門家企業
助剤を使い、部分でなく全体を改善する「ケミカルアプローチ」で差別化

製紙工場のような化学反応を伴うプラントは、どこか人体に似ている。一部で徐々に劣化が始まり、限界に達した部分から疲弊してトラブルとなる。株式会社日新化学研究所は、主に界面活性剤を駆使してプラントの「お困りごと」を解決する研究開発型企業だ。では、界面活性剤とは何か？水分と油分が分離しているドレッシングをよく振ると均一の液体になる。この均一化した状態を維持するのが界面活性剤の働きだ。同社は1939年に石鹸の材料だった鯨油を界面活性剤の原料として利用し、繊維産業向けに原糸に付着した油分を取り除く精練剤を開発した。

生産ラインのトラブルを界面活性剤で解決

その後、製紙会社から引き合いが来る。製紙工場は木材をパルプに加工し、紙を作っている。ところが木が持つ油分が製紙工程に残り、汚れや紙切れなどのトラブルを引き起こす。こうした不良の原因となる物質を「ピッチ」と呼ぶ。同社はこれを取り除く製紙工場向けの「ピッチコントロール剤」を全国で販売し、たちまち引っ張りだことなる。製紙工場には10以上の工程があり、同社はそれぞれの工程で最適のピッチ対策や泡対策を研究した。その結果、取扱製品も増えて製紙業界になくてはならない企業となっている。

製品づくりをスムーズに進行させ、工程でのトラブル防止や製品の品質向上に役立つ薬剤を「助剤」と呼ぶが、同社はこの分野のナンバーワン企業だ。助剤は使い方が難しい。例えば同じ製紙メーカーでも、工場ごとに木材原料の品質や用水の水質が異なるため助剤のレシピが変わるのだ。それどころが同じ製紙工場内ですら工業用水の配管の長さが違うだけでも、助剤を調整する必要があるという。実はこれが同社の「競争力の源泉」なのだ。同社社員のおよそ7割は化学やバイオの研究者。社内に営業部はなく、開発部のスタッフが顧客の工場を訪問している。だから極めて難しい助剤の選択と使用法を的確に助言できるのだ。

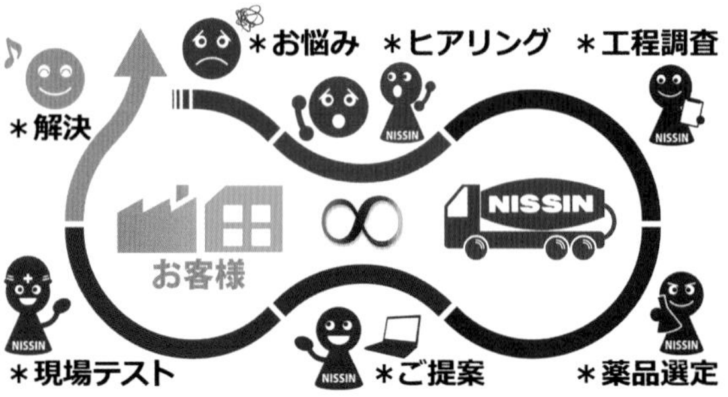

日新化学研究所が提唱するケミカルアシスタント図

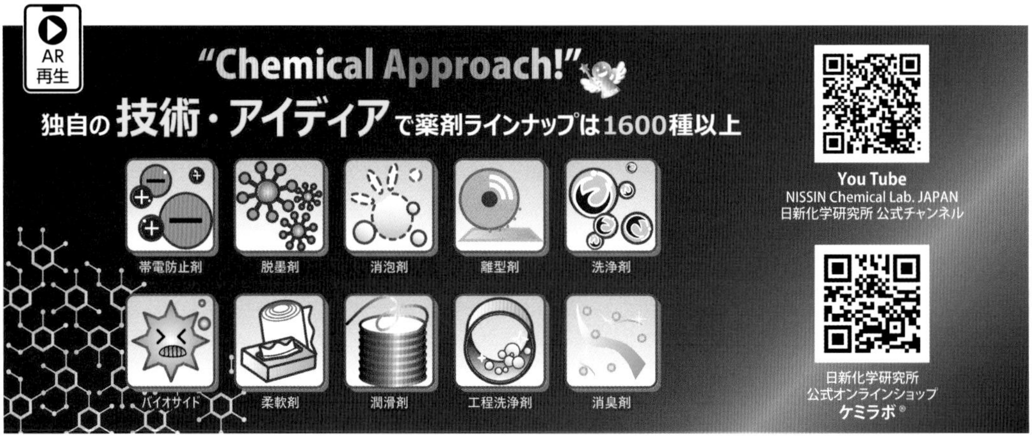

お困りごと解決によるカスタマイズで製品ラインナップは多岐にわたる

左記のQRコードを読み込んで「COCOAR」アプリ(無料アプリ)をインストールした後、アプリを起動し、画像にかざしてスキャンすると関連動画がご覧いただけます。
●有効期限：2023年12月22日より2年間

JR私有タンクコンテナに充填された製品は全国のお客様の元へ

令和2年第73回大阪実業団対抗駅伝競走大会5部で2年連続銅メダルを獲得

様々な最新分析機器が並ぶ心臓部の研究開発棟

生産ラインのムダを排してSDGsに貢献

社内では研究部が主導し、新製品の研究開発に取り組んでいる。研究部のスタッフも顧客企業に足を運んで製造現場のお困りごとやニーズを直接聞き取り、新しい製品やサービスの開発に役立てている。最近は営業所を研究所に増強し、工場を悩ませる異物の分析や洗浄方法の確立など、現場に近い場所でより迅速な対応ができるようになった。同社が目指すのは「社会のお役に立てる会社」であり、工場で発生する資源のムダを排除してSDGsの「持続可能な生産消費形態を確保する」の達成に貢献する。

生産ラインの不良対応では低料金を打ち出して、目先のトラブルだけに対応する業者も少なくない。同社は顧客が「安物買いの銭失い」に陥らないよう長時間にわたりムダがなくなるような提案をしており、後で顧客が「しまった！」と後悔しないサポートに取り組む。加藤雄一朗社長は「われわれの仕事は東洋医学に似ている。悪くなったところだけを治すのではなく、全体を万全の状態で維持する」と話す。同社が目指すのはお困りごとの原因である問題を装置の交換や修理といった物理的解決ではなく、助剤で問題を解消する「ケミカルアプローチ」。物理的解決が外科手術だとしたら、ケミカルアプローチは内科的な治療だ。この手法が高く評価され、2014年に「製紙業界のノーベル賞」とも呼ばれる紙パルプ技術協会の「佐々木賞」を機械メーカー以外で初めて単独受賞した。

さらに、脱プラスチックとして期待される新素材のセルロースナノファイバー（CNF）の用途開発にも取り組むなど、あらゆるモノづくり現場で、同社のセールスエンジニアが活躍している。同社の助剤の顧客は、製紙、繊維、印刷、日用品、金属加工、建材、化粧品、食品、プラスチック、ゴムなど多岐にわたり、同社が活躍する舞台はますます広がっている。

|わ|が|社|を|語|る|

代表取締役社長
加藤 雄一朗氏

提案型セールスエンジニア集団として社会に貢献

我々は短期的な急成長よりも「永続的発展」を重視しています。そのためには社員の長期的な成長が欠かせません。社員一人ひとりが「やってほしいこと」と「達成レベル」を「人財育成基準書」に明記しています。入社1～2年目の社員には年齢の近い先輩がOJT担当として分析手法など業務上必要な知識と技能をしっかり教える仕組みです。リーダーになった時の教育など、社歴と経験に応じたフォロー教育も実施しています。このような自ら開発や改良に当たる人財が現場に足を運んでお客様のお困りごとをヒアリングし、分析による問題の特定から薬品の選定、改善方法の提案、現場での有効性評価を経て問題解決する「提案型セールスエンジニア集団」として社会に貢献していきます。

会社 DATA

所在地	大阪府高槻市大塚町1-2-12
創業	1931（昭和6）年3月1日
設立	1955（昭和30）年2月1日
代表者	加藤 雄一朗
資本金	7,500万円
従業員数	86名（2023年9月現在）
事業内容	界面活性剤、油脂化学品を含む有機化学品および無機化学品の開発・製造・販売
URL	http://www.nissin-kk.co.jp

日本精化株式会社

ファインケミカルを通じて社会に貢献する企業
——ニッチトップ戦略であらゆる業界に貢献

ここに注目！

ニッチトップ戦略を徹底し、あらゆる業界で不可欠な製品を提供
リン脂質国内トップシェア。「リン脂質といえば日本精化」と認められる企業へ。

ビューティケア・ヘルスケア・ファインケミカルの3分野で存在感を示す企業がある。この分野に原料を提供する化学メーカーの日本精化株式会社だ。スキンケアやメイクアップ、ヘアケアなどの製品で使用されている、人にやさしく環境にも配慮した化粧品用原料をはじめ、健康と利便性の向上を実現する医薬品原料、身近な生活用品だけでなく電子材料や高機能樹脂にも使用される工業用原料など幅広い分野で事業を展開している。

長期ビジョン「NFC VISION 2030」。経営陣と社員全員で考えた2030年までに叶えたい姿

日本精化グループは4分野の〝キレイ〟をサポートしている

創業は1918（大正7）年。当時は樟脳が主力事業だった。その後、1956年に脂肪酸クロライドの生産をスタート。油脂事業へ転換。そして、ファインケミカルへ進出し、高付加価値製造へシフトしていった。

ニッチ市場での成長を目指す

日本精化の社員数は約400名。ここ5年で100人以上増加したが、中堅化学メーカーとして位置する。だからこそ、専門性を高めるニッチトップ戦略が重要だ。同社は、少量多品種生産方式を採用しているため、様々な製品を扱っていて、あらゆる業界で不可欠な素材を提供している。特に化粧品原料を展開するビューティケア分野は、日本精化の主力セグメントであり、化粧品業界での認知度は高い。そんな日本精化が今、特に注力しているのが「リン脂質」だ。1980年代から開発を進め、現在は付加価値が高い医薬品用リン脂質や高機能化粧品用素材として広く利用されている。

医薬品用リン脂質は、今後成長が期待される核酸医薬や遺伝子治療薬といった先端医療への応用が期待される。2022年には、53億円を投資して高砂事業所（兵庫県高砂市）内に新プラントと事務棟を新設した。また、2023年4月に日本初の製薬企業発サイエンスパークである湘南ヘルスイノベーションパーク（神奈川県藤沢市）に「湘南ラボ」を開設。約150社・2,000名以上の研究者が入居しており、新しいビジネスの開拓

大阪本社受付。2020年にリフォームを行い重厚感ある清潔な空間へ

2022年に53億を投資し建設した医薬品原料製造プラントの内の1つ

2022年に建設した事務棟にある実験室の様子

や人脈づくりの拠点としている。

このような取り組みを通して「リン脂質といえば日本精化」と認められる企業を目指し、研究開発や販売活動を強化している。

日本メーカーでは唯一、羊毛由来の油脂素材であるラノリンやコレステロールの製造・販売、また、2050年のカーボンニュートラルの実現に向けて岸田政権も注力する「ペロブスカイト型太陽電池」に搭載される素材も開発している。このようにあらゆる業界で不可欠な素材を提供しているのが日本精化の強みだ。

最大の資産は「社員」

顧客ニーズに応え、安全で高品質の製品を製造するために、設備投資だけでなく、人材育成にも力を入れている。「会社にとって最大の資産は人」との考え方から、OJT教育・階層別研修等の研修制度はもちろんのこと、通信教育・外部専門研修・資格取得支援制度など、社員が自律的に学びたいという意欲を支援。また、仕事を通じて社員一人ひとりが成長しているという実感を持ち、高いモチベーションを保つことを促す。そのために風通しの良い職場環境づくりに注力するとともに、個々人の多様性を尊重し、有給休暇やパパ育休の取得推進などを通じて生き生きと働きやすい職場環境の整備を進めている。

同社が掲げる経営理念は、「①日本精化は化学を通じて社会に貢献する ②日本精化は我社をとりまく全ての人に貢献する ③日本精化は社員の自己実現に貢献する」。この理念を実現するため、顧客の細かなニーズに対応できるように研究開発を進めている。社員に対しては自己成長したいという気持ちに応えられるよう、研修や資格取得支援、外部セミナー受講などの制度を充実。

2022年に「東証プライム市場」へ移行し、国内トップ企業の仲間入りを果たした。それにもかかわらず、新入社員でも会長や社長をはじめとする経営陣と直接話ができる一体感も持ち合わせている。部門間の壁はなく、変革がしやすい会社だ。それだけに変化を楽しめる人材にとってはうってつけの職場と言える。創立100年を超える企業だが、「中身」は若々しく活気にあふれている。そこが日本精化の最大の魅力である。

| わ | が | 社 | を | 語 | る |

代表取締役執行役員社長
矢野 浩史氏

地球、社会、未来の3つのキレイをお手伝い

わが社は2023年2月に創立105周年を迎えました。社員や取引先、株主、地域社会など「わが社を取り巻くすべての人」に深く感謝いたします。創業以来、たゆまぬ「変革」を続けてきましたが、次のステージに上がるためにも、さらなる「変革」が必要です。「新たな100年へ、さらなる変革を」の精神に則り、今後も成長し続ける企業へと築き上げて行きます。

そのために社員一人ひとりが「自ら考え」「自ら行動し」「変革」していくチャレンジ精神を持って仕事に励んでいます。2030年をゴールとする長期ビジョン「NFC VISION 2030」を策定し、「キレイのチカラでみんなを笑顔に」を掲げ、地球、社会、未来の3つのキレイをお手伝いしていきます。

会社 DATA

所 在 地	大阪市中央区備後町2丁目4番9号（日本精化ビル10F）
創 業	1918（大正7）年2月
代 表 者	矢野 浩史
資 本 金	59億3,322万円（東証プライム上場）
従業員数	398名、グループ717名（2023年3月現在）
事業内容	精密化学品の製造販売、香粧品の製造販売、工業用化学品の製造販売、不動産の賃貸
U R L	https://www.nipponseika.co.jp/

共英製鋼株式会社

国内外で資源循環型社会の実現に貢献するエッセンシャルカンパニー
――電炉技術を活用し鉄スクラップから産業・医療廃棄物までをリサイクル

ここに注目！

鉄鋼業界初の海外進出に代表されるチャレンジ精神のDNA
電炉大手の一角、鉄筋コンクリート用棒鋼でトップシェア

鉄を作る方法には「高炉」と「電炉」がある。高炉は鉄鉱石から鉄を作るのに対し、電炉は2,000℃以上のアーク放電によって鉄スクラップを溶かし、新しい鉄に蘇らせる。巨大な設備で炭素還元を行う高炉に比べ、電炉のCO_2排出量は圧倒的に少ない。昨秋、高炉メーカーのJFEスチールが電炉の新設計画を掲げたように、世界的なカーボンニュートラルと循環経済の時代を迎え、現在25％程度にすぎない日本の電炉比率が今後高まるのは確実とみられている。そんな注目の業界で、鉄筋コンクリート用棒鋼のトップメーカーとして知られ、様々な資源循環型ビジネスを展開しているのが、電炉大手の共英製鋼株式会社である。

ソニーに次ぐ米国進出

戦後間もない1947（昭和22）年に、伸鉄メーカーとして創業、62年に電炉業に進出。73年には鉄鋼メーカー初、日本企業としてもソニーに次ぐ2番目の早さで米国進出を果たし、創業以来のDNA「Spirit of Challenge」で成長を遂げてきた。現在、国内は関東、中部、関西、中四国・九州エリアに製造拠点を設け、全国的なカバーリングを実現する一方、海外は北米（米国、カナダ）、ベトナム（3拠点）に拠点を整備し、日本、北米、アジアの世界3極体制でグローバル事業を展開している。

中核は電気炉を用いて鉄を再利用する鉄鋼事業。鉄スクラップに高電流を流して溶解し、不純物を取り除く精錬工程で鉄の塊を作り出し、これを様々なかたちに加工成形して鉄鋼製品にする。オフィスビルや道路、橋梁、鉄道施設など、日常で目にする様々な場所で、同社の製品が使われている。最近はAIやIoTの活用による製造工程の自動化を推進するとともに、業務改革の一環として取り組んできたウェブ発注システム「テツクル」をオープンさせるなど、社内DXに向けた動きも活発だ。

第二の柱が、業界の先駆けとなった海外事業。現在の年間生産量は国内約150万㌧、海外約170万㌧だが、今後は海外を強化して国内外合計400万㌧体制の確立を目指している。とはいえ電炉は自動車、電機といったセットメーカーと異なり、鉄スクラップを現地で確保し現地に製品供給する地産地消のビジネス。成功は容易ではない。注目されるのは、地域に根差した事業を重視してきた同社ならではの「グローカルニッチ戦略」だ。グローバル、ローカル、ニッチを掛け合わせたもので、地域の実情に合わせた自律分散型経営を推進する。戦争で荒廃した国土復興に向けて、雇用拡大や技術支援を施しながら事業

電気炉でのアーク放電の様子

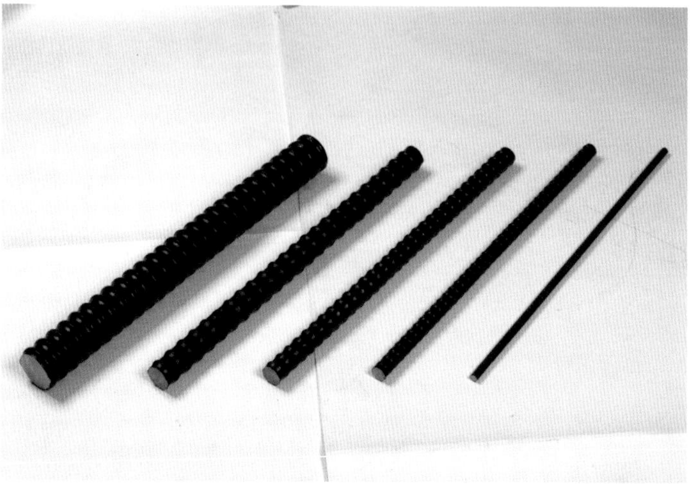

主力製品の異形棒鋼（鉄筋）

医療廃棄物を処理している様子

アメリカ現地子会社のビントン・スナール社

従業員の働く様子

規模を拡大させてきたベトナム事業の事例は、その典型でもある。

総合リサイクル企業へ

そして第三の柱が、環境リサイクル事業。産業廃棄物や医療廃棄物などを独自開発の方法で完全無害化し、その一部を資源としてリサイクルするビジネスだ。2,000℃以上の高温を扱う電炉技術を活用し、様々な廃棄物リサイクルのニーズに対応している。なかでも注射針などの医療廃棄物を完全、安全にリサイクル処理する溶融システム「メスキュード」は、代理店を通じて全国で活用されており、鉄のリサイクルを手掛ける同社が、総合リサイクル企業へ生まれ変わる将来ベクトルを指し示す。処理が難しいとされるアスベストや炭素繊維(CFRP)のリサイクル技術も開発しており、「今後も電炉技術をコアにした総合リサイクルシステムの展開を推し進める」(廣冨靖以社長)方針だ。

創業から76年、3つの事業をベースに同社が目指しているのが、国内外で資源循環型社会の実現に貢献するエッセンシャルカンパニー。廣冨社長は、「そのためにも人材の確保と育成が欠かせない。人的資本の強化に向けて積極投資する」として、事務所や厚生施設の新設、リニューアルや生産設備の自動化による労働環境の向上に加え、研修体制の充実やメンター制度の導入など、社員の成長機会を高める施策を相次ぎ打ち出している。

2023年3月期は過去最高の売上を確保した。それでも廣冨社長は、「社会に貢献するという企業理念が根幹にある。そのための企業活動であり、そのために最善の経営をする」ときっぱり。資源循環型事業で社会に貢献する100年企業の実現に向け、共英製鋼の挑戦が続くことになりそうだ。

|わ|が|社|を|語|る|

代表取締役社長
廣冨 靖以氏

失敗を恐れず、大胆にチャレンジするDNA

当社は、鉄筋コンクリート用棒鋼のトップメーカーとして、鉄鋼事業や環境リサイクル事業を展開する電炉メーカーです。一度使われた鉄を再利用できるようにするのが電炉メーカーの役割で、日本だけではなく北米、アジアを中心に海外でも鉄鋼事業を展開しています。さらに国内では鉄のリサイクルに留まらず、産業廃棄物や医療廃棄物を完全無害化する環境リサイクル事業を営んでいます。いずれも高度化する社会ニーズに対応したビジネスと言えるでしょう。大切にしていることは、「Spirit of Challenge」。当社には創業以来、失敗を恐れず、大胆にチャレンジするDNAがあります。そしてチャレンジ精神のある方にどんどん仕事を任せ、活躍の場を与えていく会社でもあります。一人ひとりの成長をサポートする研修体制がしっかり整っていますので、不安を持たず、ぜひ飛び込んできてください。

会社 DATA

所在地：大阪市北区堂島浜一丁目4番16号
設立：1947（昭和22）年8月21日
代表者：廣冨 靖以
資本金：185億1,600万円（東証プライム上場）
従業員数：単体793名、連結3,972名（2023年3月31日現在）
事業内容：●鋼片、各種鋼材、鉄鋼製品の製造・加工・販売
●一般・産業廃棄物、医療廃棄物の収集・運搬・処分業および自動車リサイクル事業ならびに廃棄物再生資源化事業
●鉄筋・ねじ節鉄筋加工と組立工事
●鉄鋼製造プラントの設計および鉄鋼製造技術の販売
URL：https://www.kyoeisteel.co.jp/

シン・エナジー株式会社

ビジョンは、『エネルギー産業による社会変革』
――再生可能エネルギーと電力事業による地域価値の最大化をサポート

ここに注目！
幅広い種別の再生可能エネルギーを扱う
地域資源を循環させエネルギーの「地産地消」を目指す

シン・エナジー株式会社は太陽光発電はもとより、バイオマスや風力や水力、地熱などあらゆる再生可能エネルギーを取り扱う。しかも電源開発コンサルティングから資金調達、設計・施工や運転・保守まで一貫してカバーするのが特徴だ。エネルギー産業を通じて地域に新しい価値を創出し、社会変革を成し遂げることをミッションにしている。

経営理念をもとにビジネスモデル確立

同社の前身である「洸陽電機エンジニアリング」は1993年に創業。電気工事からはじまり、次第に省エネ関連も受注するようになる。取り巻く環境が急速に転換し始めたのは、1997年に京都で開かれた気候変動枠組条約第3回締結国会議（COP3）での京都議定書の採択。経営理念「未来の子どもたちのためにより良い地球環境を残します」を策定し、2011年の東日本大震災を機に再生可能エネルギー事業に大きく舵を切った。2018年、社名変更と同時に経営理念を「未来の子供たちからの“ありがとう”のため　生きとし生けるものと自然が共生できる社会を創造します」に改定した。同社の創業メンバーである乾正博社長は「経営理念に引っ張られる形で今のビジネスモデルが確立した。早い段階で理念に基づく軸を形成できたのが成長の要因」と分析する。

また2012年に施行された再生可能エネルギー特別措置法は、飛躍に向けた追い風となり、売り上げは10年あまりで35倍、350億円以上まで拡大した。

全国で再生可能エネルギーによる発電事業を手がけているが、もっとも注力しているのはバイオマス発電。国土の7割は森林が占めており、地元産材を有効活用すれば地域活性化にもつながる。同社は「地域の未利用有機性資源を燃料化、肥料化することで資源と経済が循環するビジネスモデルを構築している」という。土壌改良や肥料分析などから一貫で手がけるところは少なく、「バイオマス循環圏を全方位で手がけることができる」と、胸を張る。

その一例が宮崎県串間市の「大生黒潮発電所」。地域の未利用木材を利用し発電、熱利用を行うことで地域林業の活性化、化石燃料の削減、新規雇用の創出に寄与している。地元企業が過半数以上を出資する発電事業会社を新たに立ち上げ、設備には、木のポテンシャルを最大限生かすことのできる小型ガス化発電装置を採用した。さらに発電所でつくられた木質ペレットを地元温浴施設や市民

大生黒潮発電所（バイオマス発電）

カーポート型
太陽光発電設備

江差風力発電所

一宝水第一水力
発電所

西宮バイオガス
プラント

奥飛騨第一
バイナリー発電所

低圧電力販売ウェブサイト
www.symenergy.net

ちょいガヤ

本社若手社員

病院に販売することでバイオマス利用の輪を広げ、副産物として生まれるバイオ炭の農業利用など、発電にとどまらない面的な展開を進めている。地域に根差した発電所であるためには、地域資源を循環させながら、会社も地域も稼げる仕組みを作ることが重要と捉えている。

一方、現在最も期待しているのが電力販売である。同社は14年に高圧需要家向け、16年には低圧需要家向けの電力販売を開始した。しかし電力市場高騰の影響などで22年には高圧から撤退し、低圧も新規申し込みを中断していた。その後体制を見直し、申し込みを再開。初期費用や解約手数料がゼロという料金体系や、電気の使用量・時間帯に基づいたプランが功を奏し、改めて多くのお客様に選んでもらえる状態となった。これも過去の失敗の経験を生かした事例であり、簡単にあきらめない企業風土が顧客価値創造につながった。

経営を「ガラス張り」で人材育成

急成長した会社らしく、社員の平均年齢は30歳代後半と若い。若い組織を鍛える教育メニューは多彩だ。例えば「ネクストボード」というシステムは、若手社員が「すべての役員が参加する経営連絡会」など社内の重要会議に参加できるというもの。これは「可能な限り情報を社内に開示することで、経営をガラス張りにし、次世代の幹部を育成したい」との思いからだ。また毎週1回、30分間「ちょいガヤ」という雑談会を設けている。まったく異なる部署の社員を8人単位でグループにし、会社の課題や社会問題、ひいては人生哲学などを語りあう。毎回異なる顔ぶれで、社員のコミュニケーション活性化の一助になっている。乾社長が期待する「自分で学び自分で考え、行動できる人材」は着実に育っている。

| わ | が | 社 | を | 語 | る |

代表取締役社長
乾　正博氏

エネルギーを基軸に新しい社会づくり

地域で必要なエネルギーを地域資源で生み出し、域外に流出していたお金を域内で循環させることが未来の地域づくりには欠かせません。当社はエネルギーを基軸にした新しい社会づくりを目指しています。化石燃料に頼ったエネルギーの世界は必ず変わります。

長い歴史の中で、常に順風満帆で成長した会社はありません。当社もご多分にもれず失敗を繰り返してきましたが、経営理念のもと方向性が明確だったことが今に繋がっています。渋沢栄一さんには「論語と算盤」という著書がありますが、たとえていえば当社はこれまで「論語」寄りだったと思います。ようやくここ最近は「算盤」寄りになりつつあり、「稼ぐ」ことを一層意識するようになってきました。

会社 DATA

所　在　地：神戸市中央区御幸通8-1-6神戸国際会館14階
設　　　立：1993（平成5）年9月
代　表　者：乾　正博
資　本　金：7,720万円
従 業 員 数：137名（2023年10月末時点）
事 業 内 容：再生可能エネルギーの創出、及び電力の販売
U　R　L：https://www.symenergy.co.jp

東レ建設株式会社

建設と不動産の2つの顔を持つ東レグループの中堅ゼネコン
――安全、防災、環境を最優先に社会変化に対応した価値を提供

ここに注目!
建設と不動産併営の連携効果と品質にこだわる独自のビジネス展開
新たな農業モデルの提案など社会貢献型ビジネスの実行力

国内に40万超存在する建設業者。スーパーゼネコンから地域の土木工事会社まで業態は様々だが、「総合建設事業」と「総合不動産開発事業」の2つの顔を持ちながら、幅広く事業を展開しているユニークな企業が、東レグループの東レ建設株式会社だ。東レグループの総合力をバックにした高品質モノづくりのDNAと、多様な材料を用いた先進の技術力で、安心、安全で地球環境に配慮した建物や施設を提供している。

マンション建設やPFIで強みを発揮

建設事業は、日本各地の東レの工場系設備投資に留まらず、民間の建築物の設計・施工・管理・メンテナンスまで一貫して手掛ける。不動産事業を持つ特徴を背景にしたマンション建設やPFI（民間資金等活用事業）による大型集合住宅の建替えなどで強みを発揮し、最近は炭素繊維に代表される東レの先端材料を用いたインフラ補修工事も展開している。なかでも注目されるのが、砂栽培農業施設の「トレファーム」。建設現場の足場材を使用して培地を腰の高さまで上げることで、多くの人に農業に携わる機会を創出する東レ建設ならではの新事業だ。新たなコミュニティーの形成や高齢者や障がい者も参加できる地域雇用モデルなど、様々な連携ビジネスが生まれている。

一方の不動産事業の柱は分譲マンション事業。1972（昭和47）年の第一号物件から50年超の間に、関西、関東、東海を中心に29,500戸超のマンションを供給し、土地購入から企画・設計・施工・販売・管理・アフターメンテまでの一貫体制で半世紀にわたる実績を持つ。近年はマンション内電力融通システムを導入した環境配慮型の物件にも取り組み、今後は得意とするファミリー向け分譲マンション「シャリエ」を中心に年間500戸の提供を目指すとともに、2017年に参入した賃貸事業（住居・商業）やヘルスケア施設などの一棟売り事業の拡大を目指す計画だ。

建設と不動産の両輪で、東レグループの住宅・エンジニアリング部門の中核企業として成長してき

関東・東海・関西エリアを中心にブランドマンション「シャリエ」シリーズを展開

自社マンション・PFI・工場など様々な建築工事にチームで取り組む

「トレファーム」を核とした「農・食・健」複合施設の「KOSUGI iHUG」

東レ建設大阪本社

た東レ建設だが、少子高齢化による労働者の減少、労務費の高騰といった建設業の課題に加え、世界的なインフレや円安に伴う資材価格の高騰など、建設・マンション業界は難しい舵取りを迫られている。

価値提供型のビジネスに注力

このため建設事業では、運営・維持管理領域まで含めたPFI案件の拡大を目指すとともに、オフィス、工場など現在30％水準にある非住居系案件を40％程度まで増やすほか、現場労働力の不足に対応するためタブレットやスマホを用いたシステム開発や一段のIoT化を推進する。不動産事業では、建設事業と連携し自社開発案件の用地取得力を強化する一方、「シャリエ」ブランドの一段の浸透を推し進めるとともに、単に物件を造って、売る、貸すだけでなく、社会変化に対応した価値提供型のビジネスに注力していく。例えば、「トレファーム事業」では「農・食・健」複合型のコミュニティスペースである「KOSUGI iHUG」を神奈川県川崎市でオープンするなど、「グループ企業理念である『新しい価値の創造を通じて社会に貢献する』企業を目指す」（角川政信社長）方針だ。

企業運営の最優先課題として、安全、防災、環境保全と企業倫理・法令遵守など、CSR（企業の社会的責任）の取り組みも加速。特に安全、防災、環境保全は技術戦略のテーマに位置づけ、「省CO_2、劣化評価、防災減災、木造建築」をキーワードに技術力を向上し、提案力を高める。具体的には、ZEHマンションやZEBへの取り組みを強化するとともに、防災・減災対応技術の蓄積、木材を利用した中高層マンションの実現に向けた共同研究などを進めていく。

建設と不動産の併営という特徴を生かし、高品質にこだわり社会ニーズの変化に柔軟に対応し続けてきた東レ建設は、大手ゼネコン以上のポテンシャルを秘めた中堅ゼネコンでもある。

|わ|が|社|を|語|る|

代表取締役社長
角川 政信氏

目標達成に向かっていきいきと行動する「明るく楽しい元気な会社」を目指す

当社は“建設事業”と“不動産事業”を併営する特色ある中堅ゼネコンです。東レグループの技術力・総合力を背景とし、“新しい価値の創造を通じて社会に貢献する”企業を目指していくためには、新たな取り組みをさらに推進し、①「事業領域と新規事業創成による収益力強化」をしっかりと進めます。そして、②「現場力・営業力強化による競争力強化」を図り、③「トータル品質・技術力のさらなる向上」により、真のお客様満足度の向上を目指し、④「将来を見据えた人財活用と働き方改革の推進」と、⑤「安全最優先とESG経営の推進」を実行します。そして、社員一人ひとりが目標達成に向かって、いきいきと行動する「明るく楽しい元気な会社」を目指しています。

会社 DATA

所 在 地：大阪市北区中之島三丁目3番3号
設　　立：1982（昭和57年）11月12日
代 表 者：角川 政信
資 本 金：15億300万円
従業員数：348名（2023年3月末現在）
事業内容：1.建築・土木工事の企画、設計、施工、監理
2.マンション・住宅の建設、分譲
3.不動産の売買、賃貸、仲介、リフォーム
4.不動産・建設全般のコンサルティング業務
U R L：https://www.toray-tcc.co.jp

株式会社CASMホールディングス

システム開発、広告デザイン、越境EC事業で成長発展
――3本柱を軸に更なる飛躍の布石打つ

ここに注目！
“プロマネ”兼務のユニーク社長
先を見据えて持ち株会社体制に移行

システム開発（ソフトウェア・金融系・制御系）と、広告デザイン、越境EC（海外向け電子商取引）関連事業を３本柱に、成長発展を遂げているのが株式会社CASMホールディングスである。同社を率いる角北強社長は長年、システム開発（ソフトウェア・金融系）の現場第一線で活躍し、今も経営者でありながらプロジェクトマネージャーの顔も持つ、その道のプロ。熟知したシステム開発の世界で、さらなる飛躍に向けた布石を次々と打っている。

CASMホールディングスの中核事業会社で、2008年設立の株式会社クリーブウェアに角北氏が入社したのは2015年のことで、翌16年に代表取締役に就く。それまで角北氏は金融系IT（情報技術）会社に勤めていたが、縁あって新天地に移り、サラリーマンから経営者へ転身する。角北氏に経営者としての適性があったためか、社長就任後７年で、年商は約4倍に成長する。

CASMホールディングス　大阪本社（グループ会社に東京・福岡の事業所あり）

社員旅行での集合写真（2022年宮古島）

“四つのゼロ”で越境ECを支援

「現在のメーン顧客となっている大手電機メーカーのシステム開発を受注できたのが大きい。受注前に作成した試作品を使ったプレゼンを行い、コンペに勝ったのが今日につながっている」（角北社長）。この受注案件が、内閣府主催の「日本オープンイノベーション大賞」で第5回（2022年度）総務大臣賞に輝いたプロジェクト『グローバルな現場DX/脱炭素化と国内現場力の維持を実現するコネクテッドワーカーソリューションの推進」の成果に結びついたと言える。

角北社長が得意とする金融機関のシステム開発案件も手がけている。システム開発（インフラ・金融系）を大黒柱の事業と捉え、その柱をさらに太く、高くしていく方針だ。

一方、第3の柱となる越境EC関連事業の取り組みにも抜かりはない。同事業では法人向け越境EC支援サービス「かんたんトレードサービスPRO」や、自社ECサイト「LUXCRAS（ルクラス）」により、日本製品の海外販売を後押ししている。“四つのゼロ”＝面倒、ランニングコスト、リスク、英語力が「すべてナシ・不要」という強みを活かして、普及浸透を図っている。

一連の取り組みが評価され、23年4月、独立行政法人中小企業基盤整備機構が同社をEC活用

@Beat！ブランドの展示会の様子

支援パートナーに認定した。中小機構は国内中小企業の販路拡大を主要事業の一つとしている政府系機関で、パートナー認定を受けたクリーブウェアでは、中小機構との連携のもと、越境EC事業の一段の活性化に拍車をかけている。

ユニークな製品として、楽譜アプリなどミュージシャン向けソフトも開発・販売している。ユニコーンの奥田民生氏の、あれば便利というニーズを聴き、形にした楽譜表示アプリの「Mr.Lyric」をはじめ、関連製品を@Beat！ブランドとして展開。音楽ジャンルでの評価も定着しつつある。

かんたんトレードサービスの展示会の様子

M＆Aや株式上場を視野に

23年8月に持ち株会社体制に移行した。CASMホールディングスのもと、クリーブウェアのほか、越境ECを運営する株式会社クリーブウェア・マーケティング（角北社長）、広告デザイン制作を得意とする株式会社メディアバーン（同）、制御系システム開発を得意とする株式会社セカンドセレクション（井村喜洋社長）が結集する形態を確立した。意思決定の迅速化やグループ間の連携強化が狙いで、併せて、M＆A（企業の合併・買収）も見据えた体制整備となる。

とはいえ「関西を中心に事業展開し、福岡にも拠点を構えたが、情報産業が集中している首都圏は手薄」（角北社長）なため、首都圏システム開発会社などのM＆Aを視野に入れている。その際、持ち株会社の傘下に入ってもらうスキームがスムーズなM＆Aにつながる、との目論見である。

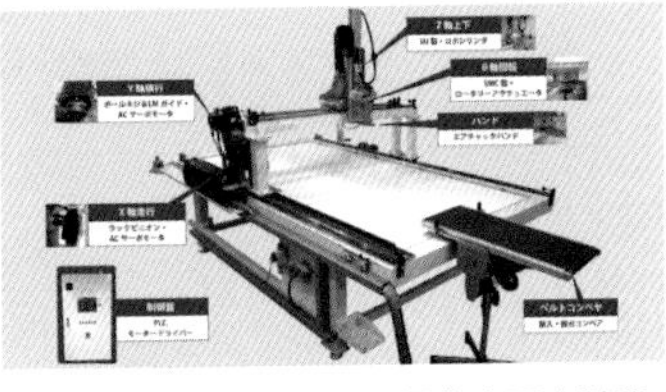

IoTを活用した工場の可視化実証実験設備

話題の生成AI（1人工知能）にも触手を伸ばしている。実践を通したノウハウ・事例の蓄積を重ねており、24年中に生成AIのプラットホームを構築し、本格活用へとつなげていく。一連の手立てを講じた先の株式上場も射程距離に置いている。

システム開発に精通している角北社長は、実は現役のプロジェクトマネージャーでもある。「現場好き」の性分ゆえ、社長とプロマネの二足のわらじを履いているところだ。上場したら兼務はできないが、マネジメントに徹したとき今度はどんな経営手腕を見せるのか。角北社長の剛腕が一段と発揮されることになりそうだ。

|わ|が|社|を|語|る|

代表取締役
角北　強氏

持ち味は幅広さと総合力

システム開発（ソフトウェア・金融系・制御系）と広告デザインや越境ECを3本柱に音楽アプリまで事業化している幅広さが当社の持ち味です。また、デザインに強い会社や制御系が得意の会社をグループに抱えているため、例えば、スマホアプリのボタンをどこにどんな大きさで配置するかのデザイン工程も引き受けられるといった総合力も売り物となります。

3K職場などと揶揄されるIT界にあって、当社は健康優良企業（銀の認定）や健康経営優良法人に認定されています。残業時間の少なさや、福利厚生の充実が評価されたと自負しています。「働き易く、働き甲斐があり、日本を代表する健康企業」を追求しており、売り手、買い手、世間の「三方良し」を経営理念に掲げています。そんな当社に興味、共感を持った方は、是非、一度、アプローチしてみてください。

会社 DATA

所在地：大阪市北区豊崎3-20-12　パールグレイビル9F
設立：2022（令和4）年8月23日
代表者：角北　強
資本金：5,000万円
従業員数：グループ連結127名（2023年11月1日現在）
事業内容：企業向けシステム受託開発、海外向けECサービス、コンサルティング業務
URL：https://casmhd.com/

株式会社日本アムスコ

取引先に大手企業がずらりと並ぶCAE特化のエンジニア集団
——年率15%成長で、10年後に売上高100億円、社員1,000人目指す

ここに注目！
システム子会社を立ち上げ、ワンストップ受注体制構築
耐久の限界値を解析し社会貢献、理工系人材が多数集結

株式会社日本アムスコはCAE（コンピューター利用の工学支援システム）に特化したエンジニア集団だ。物の質量、形状、衝撃の値をコンピューター上でシミュレーションし、耐久の限界値を計算で求める。自動車や航空機などの製品開発現場において、なくてはならない技術であり、主要取引先にはトヨタ自動車をはじめとする超大手企業や宇宙航空研究開発機構（JAXA）などがずらりと並ぶ。2014年にはシステム子会社の株式会社コムスコシステムズを立ち上げ、ワンストップ受注体制を構築した。西脇良一社長は「AI（人工知能）や暗号技術のブロックチェーンなどに幅を広げると、マーケットは無限大。年率15%成長で10年後には売上高100億円、社員1,000人を目指したい」と意気軒高だ。

2000年に5人でスタート、取引先拡大で200人を超える規模に

日本アムスコは1987年に、西脇社長の父親が神戸製鋼所をスピンアウトして設立した。当初は土を動かすベルトコンベアのコンサルを事業としたため、アースムービングシステムコンサルを縮めて社名とした。三菱重工業の関連会社で機械設計をしていた西脇社長が入社したのは2000年のこと。ちょうどCAEが立ち上がったころで、事業をCAE受託業務に変更して4〜5人でスタートした。「原子力関係、宇宙開発、掘削機などのCAEをやっているうちに褒められることが多くなり、徐々に拡大路線に入った」（西脇社長）。

転機となったのは2007年。トヨタテクニカルディベロップメント（現トヨタ自動車）と業務委託契約を結び、西脇社長は約3年間、トヨタに常駐した。西脇社長は「子供が生まれたばかりで、大変だった」と振り返る。

現在は、社内で業務を行う「受託解析」、システム構築・運用支援やサポートプログラム開発を行う「システムコンサル」、エンジニアが客先で業務を行う「お客様先業務」が三本柱となっている。使命は「PC上にすべての物理現象を再現する」ことだ。「例えば、高精度な地震のシミュレーションシステムが完成すると、建築物や交通機関の耐震性を強化でき、安全で暮らしやすい社会が実現する。また、研究を通して得た知識や技術はお客様の事業をサポートする強力な術にもなる。CAEを主軸として、あらゆる方面から社会の発展へと貢献できる」と西脇社長は強調する。

こうした“やりがい”を求めて、日本アムスコには多数の理工系人材が入社し、社員数は20年余りで200人を超えるまでに増えた。そのうち女性は15〜20%となっている。

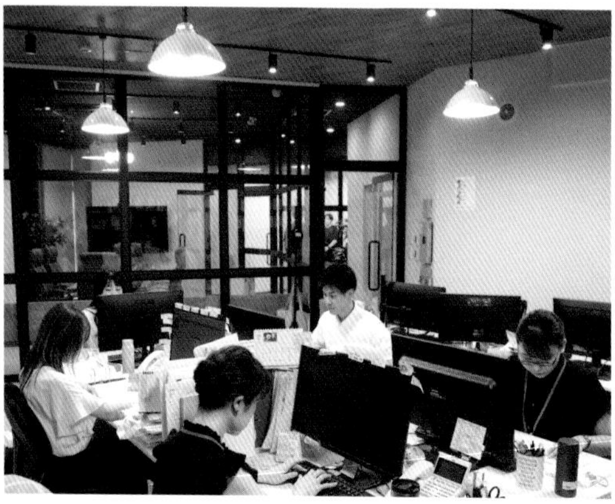

拡大に向け、昨年本社の増改築を実施

構造・流体・熱など、様々な問題を解決している

CAE解析部隊の様子

システム専門の子会社を設立。ワンストップ受注体制を構築

将来はM&Aで自らモノづくりに乗り出す可能性も

一方、社員教育や働きがいにも力を注いでいる。年2回開く技術発表会は、社員の業務や課題を共有する有意義な場となっている。計算力学技術者認定試験は、固体力学と熱流体力学の公認CAE技能講習会を実施しているほか、試験合格者には試験費用が全額支給される。評価制度は年度初めに設定した業務目標の達成状況を半期ごとに確認し、結果は次年度給与に反映される。「全員にオープンにしている」（西脇社長）のが特徴だ。住宅費については、神戸、名古屋、東京の各事業所の徒歩圏内に借り上げ社宅があり、「月2万円を徴収しているくらい」（西脇社長）と手厚い。自分で借りる場合は、住宅費の補助がある。福利厚生では会社と会員が共同出資して運営する日本アムスコ共済会があり、慶弔見舞金の支給や社員旅行費用の積立・管理を行っている。このほか、宴会、技術発表会、社員旅行、スポーツ大会などの各種行事の費用補助を行っている。

今後の経営戦略については、まずコムスコシステムズの存在が大きい。ソフトウエア開発者とCAE技術者が連帯し、CAE解析支援のためのソフトウエアを提供することができるようになった。コムスコシステムズには「優秀な人材を送り込んでいる」（西脇社長）という。日本アムスコの自己資本比率は約80%と高く、財務基盤を生かしたM&Aも考えられる。西脇社長は「事業承継などで困っている小さなメーカーにCAEを加え、モノづくりをやっていきたい」と目を輝かす。株式上場については「選択肢としてはあるが、上場メリットはそれほどない。いつでもできるようにガバナンス（企業統治）を強化し、そのうえで上場しない選択肢も持つ」（西脇社長）とニュートラルに構えている。

| わ | が | 社 | を | 語 | る |

代表取締役社長
西脇 良一氏

「不可能を可能にする」ことを楽しむ働きがいある会社

当社は、お客様のために「不可能を可能にする」ことを楽しんでいます。働きやすい会社から、働きがいのある会社へと変革してきました。お客様のリピート率、新規案件数も年々増加しています。社員の中にはCAE経験者はもちろん、未経験の状態から努力して技術を磨いてきた人もおり、一丸となって成果を上げてきました。

当社の唱える技術力向上とは、CAE技術はもとより精度、意識、知識、人間力、提案力、営業力を高次元でバランスよく向上させることです。社員の成長を全力でバックアップしています。CAEに興味を持ち、おもしろいと感じていらっしゃる方、エンジニアとして生涯成長し続けたいとお考えの方、モノづくりにデジタル技術で参画したいとお考えの方、理系の素養があり、意欲をお持ちの方はCAEエンジニアを目指すことができます。ぜひ、私たちとともに成長していきましょう。

会社 DATA

所在地：兵庫県神戸市中央区東川崎町1-3-6　LS KOBE1階
設立：1987（昭和62）年4月27日
代表者：西脇 良一
資本金：3,000万円
従業員数：224名（2023年4月現在）
事業内容：CAE受託解析、CAEシステムコンサルティング、CAEエンジニアのオンサイト対応
URL：https://emsco-jp.com/

INDEX

モノづくり　商社・サービス　医薬・化学　環境・建設・社会インフラ　IT・ソリューション

(50 音順)

MEMO

NDC 335

これから伸びる近畿圏のカイシャ2024

2023 年 12 月 29 日　初版 1 刷発行　　定価はカバーに表示してあります。

ⓒ編　者　日刊工業新聞社　西日本支社
発行者　井水治博
発行所　日刊工業新聞社　〒103-8548 東京都中央区日本橋小網町14-1
書籍編集部　電話 03-5644-7490
販売・管理部　電話 03-5644-7403
FAX　03-5644-7400
振替口座　00190-2-186076
URL　https://pub.nikkan.co.jp/
e-mail　info_shuppan@nikkan.tech

協力　日刊工業コミュニケーションズ
カバーデザイン　日刊工業コミュニケーションズ
印刷・製本　新日本印刷（株）

2023 Printed in Japan　落丁・乱丁本はお取り替えいたします。
ISBN　978-4-526-08314-3　C3034
本書の無断複写は、著作権法上の例外を除き、禁じられています。